crônicas da

ERA BUSH

O QUE OUVI SOBRE O IRAQUE

*

Eliot Weinberger

crônicas da
ERA BUSH

O QUE OUVI SOBRE O IRAQUE

*

Tradução de
ALEXANDRE KAPPAUN

EDITORA RECORD
RIO DE JANEIRO • SÃO PAULO
2006

CIP-Brasil. Catalogação-na-fonte
Sindicato Nacional dos Editores de Livros, RJ.

Weinberger, Eliot
W443c Crônicas da era Bush / por Eliot Weinberger; tradução Alexandre Kappaun. – Rio de Janeiro: Record, 2006.

Tradução de: What happened here
ISBN 85-01-07615-5

1. Bush, George W. (George Walker), 1946- . 2. Guerra contra o terrorismo, 2001-. 3. Estados Unidos – Política e governo – 2001-. 4. Estados Unidos – Relações exteriores, 2001- . I. Título.

CDD – 973.931
06-2337 CDU – 94(73)"2001/..."

Título original em inglês:
WHAT HAPPENED HERE

Direitos exclusivos de publicação em língua portuguesa para o Brasil adquiridos pela
EDITORA RECORD LTDA.
Rua Argentina 171 – Rio de Janeiro, RJ – 20921-380 – Tel.: 2585-2000
que se reserva a propriedade literária desta tradução

Impresso no Brasil

ISBN 85-01-07615-5

PEDIDOS PELO REEMBOLSO POSTAL
Caixa Postal 23.052
Rio de Janeiro, RJ – 20922-970

CÓPIA NÃO AUTORIZADA É CRIME
ABDR
ASSOCIAÇÃO BRASILEIRA DE DIREITOS REPROGRÁFICOS
RESPEITE O DIREITO AUTORAL
EDITORA AFILIADA

Para N.S., A.D. & S.

SUMÁRIO

PRÓLOGO: A CIDADE DA PAZ

[25 de janeiro de 1991 — 1ª Guerra do Golfo]

Quando tomou o poder, no ano de 750, a dinastia dos abássidas, constituída por descendentes do tio do Profeta, adquiriu um império de vasto alcance, da Índia à costa atlântica da Europa. Doze anos mais tarde, em um dia escolhido por um astrólogo persa devido à proeminência de Júpiter, começaram os trabalhos em sua nova capital, Madinat as-Salam, a Cidade da Paz. Enquanto centro do império e representação do mundo, a cidade foi construída na forma de um círculo dividido por uma cruz, seus quatro pórticos simbolizando as quatro direções para os quatro cantos da terra.

Por quinhentos anos, não obstante a erosão e a perda das fronteiras mais distantes do império, a cidade floresceu — ainda conhecida pelo nome do vilarejo que substituíra, Bagdá. A cidade mais cosmopolita do mundo na ocasião, com embarcações ancoradas — lá, na confluência do Eufrates com o Tigre — vindas da China, Índia, Rússia, Espanha e dos reinos da África do norte e da África negra; com suas escolas de pintura, poesia, filosofia, astronomia, filologia e matemática; suas traduções dos textos gregos que, mais tarde, acabariam por impelir a Renascença européia;

onde fortunas poderiam ser obtidas rapidamente e, mais rapidamente ainda, gastas. (Simbad, por exemplo, tornou-se um marinheiro porque havia dissipado uma enorme herança em diversões noturnas e com "túnicas caras".) Símbolo perene da metrópole como palácio de prazeres: escrevo de uma cidade que já foi conhecida, nem tão antigamente assim, como a Bagdá no Hudson.

Os poetas daquela cidade — sobretudo em seus primeiros trezentos anos — eram conhecidos pela rejeição às formas tradicionais de versos, por suas inúmeras variedades de desavergonhado hedonismo, por seu desprezo às ortodoxias religiosas e sociais, pela bajulação na Corte e suas polêmicas amargas fora dela, pelas elaboradas técnicas de prosódia e por uma crítica literária cada vez mais pedante. Sua forma de escolha era a *qit'a*, literalmente um "fragmento" — não tanto um caco modernista de um todo desaparecido, como uma flecha de luz na escuridão, mas uma pontada de perfeição, como no famoso dístico (um poema completo) do poeta do século VIII, Abbas Ibn al-Ahnaf:

Quando ela caminha com suas criadas meninas
Sua beleza é uma lua entre as lanternas oscilantes

O poeta anacoreta cego, metafísico, cético, anticlerical e misantropo Abu al-Ala al-Ma'arri (973-1052) é, geralmente, considerado o melhor. Dentre os seus trabalhos está uma paródia do Alcorão, pela qual foi criticado, mas não condenado. Diz-se que Dante o leu traduzido e alguém poderia facilmente confundir o dístico que encerra este poema de Ma'arri com uma imagem mais lúgubre e exata da *Divina comédia*:

Cada pôr-do-sol avisa aos homens quietos que olham para a frente
Que a luz se apagará; e a cada dia o mensageiro da Morte

Bate à nossa porta. Embora não fale,
Entrega-nos um convite permanente.

Seja como aquelas carcaças de cavalo que cheiram à batalha
E temem comer. Esperam mastigando suas rédeas.

Não deixes tua vida ser governada pelo que te perturba.

Ma'arri escreveu:

Algumas pessoas são como uma cova aberta:
Entregam a ela aquilo que mais amam
E não recebem nada em troca.

E, há mil anos, em Bagdá, ele escreveu um verso que, na Nova York do final de janeiro de 1991 — dias cheios com as imagens fabricadas das barbaridades do novo inimigo que estávamos chacinando —, me fez, mesmo que por poucas horas, desligar a televisão:

*UN COUP D'ÉTAT TOUJOURS ABOLIRA LE HASARD**

[27 de janeiro de 2001]

Um romancista me escreve: "Você já notou que todo mundo está dizendo 'Feliz Ano Novo' sarcasticamente?" Nos classificados da *New York Review of Books*, um casal de acadêmicos, "após o resultado da eleição nacional", procura emprego em algum outro país. Uma executiva de um banco em Washington, que pouco conheço, me chama para perguntar que marca de cigarros eu fumo; está decidida a recomeçar o vício. Os amigos que encontro nas ruas estão menos zangados do que confusos: abandonados na ilha da CNN há meses, chegam, agora, à conclusão de que nenhum navio de resgate está a caminho. Os Estados Unidos sofreram o primeiro golpe de Estado em toda a sua história.

Embora nenhum tanque tenha cercado a Casa Branca e nenhuma gota de sangue tenha sido derramada, a palavra "golpe" é apenas levemente hiperbólica. Uma ilegalidade declarada legal, uma usurpação corrupta de poder realmente aconteceu na nação que se vê como o farol de liberdade de todo o mundo. Deixe-me relembrar a história brevemente:

*Um golpe de Estado sempre elimina o acaso. (*N. da E.*)

Al Gore recebeu cerca de 540 mil votos a mais do que George W. Bush. Nossas eleições presidenciais, no entanto, são decididas pelo arcaico sistema de um colégio eleitoral, para o qual cada estado manda os seus representantes, que votam de acordo com o desejo dos eleitores daquele estado, quase sempre na base de o-vencedor-leva-tudo. Uma invenção do século XVIII, o colégio foi uma concessão política de última hora para os proprietários de escravos sulistas, quando a Constituição foi escrita. Os representantes eram divididos de acordo com a população; os escravos, é claro, não podiam votar, mas eram contados como três quintos de um humano para o cálculo, desta forma aumentando a população dos estados escravocratas e o número dos seus representantes. Também se acreditava, na época, muito embora isto tenha sido esquecido, que uma elite de eleitores respeitáveis impediria a possibilidade de um candidato inadequado ser escolhido por um populacho imprevisível. Os Pais Fundadores tinham um entusiasmo limitado pela democracia.

Novembro passado, como todo mundo bem sabe, a competição estava tão acirrada que a disputa pelo colégio eleitoral dependia dos votos no estado da Flórida. O estado é governado pelo irmão de George Bush; sua legislatura é esmagadoramente republicana; e o seu secretário de Estado, responsável por supervisionar a eleição, era um dos líderes da campanha presidencial de Bush na Flórida.

O estado é conhecido, já há algum tempo, por transações escusas, por um provincianismo sulista despido da hospitalidade sulista, e por uma demagogia política sem floreio retórico. Previsivelmente, o mecanismo estadual de votação varia muito. Comunidades brancas e ricas, mais inclinadas a votar em Bush, possuíam modernas urnas eletrônicas. Comunidades negras — e Bush, no âmbito nacional, recebeu menos votos de negros do que Reagan — tinham urnas antiquadas que falharam no cômputo de dezenas de milhares de votos. Em um incidente grotesco, milhares de idosos aposentados judeus, alguns deles sobreviventes do Holocausto, descobriram que, devido ao péssimo planejamento das cédulas, tinham erroneamente votado em Pat Buchanan, candidato de um partido minoritário que expressara admiração por Hitler.

Quando a votação foi apurada, Bush ganhara por 547 votos numa amostra de 6 milhões. Na maioria das eleições americanas, um percentual tão baixo leva, automaticamente, a uma recontagem. Visto que as urnas antigas são muito imprecisas — até mesmo o seu inventor declarou que elas têm uma margem de erro de 3 a 5% —, é comum que esta recontagem seja feita manualmente.

O secretário de Estado republicano recusou-se a permitir a recontagem, e o legislativo republicano da Flórida declarou encerradas as eleições. Depois de semanas de manobras e revogações, a campanha de Gore finalmente chegou à Suprema Corte da Flórida, que ordenou que se começasse uma recontagem. Os republicanos, no surrealismo histórico dos canais de 24 horas de notícias, acusavam implacavelmente os democratas de tentarem "roubar" as eleições e que seres humanos não poderiam contar os votos tão "objetivamente" quanto as urnas eletrônicas — muito embora a contagem manual seja a praxe na maioria dos estados, inclusive no próprio Texas de Bush. Mais sinistro, no estilo do Partido Congressista Indiano e do PRI mexicano em sua época de hegemonia, os republicanos trouxeram manifestantes pagos para atrapalhar a recontagem. Estes ficaram hospedados no Hotel Hilton, e o "príncipe" regente de Las Vegas, Wayne Newton, foi trazido para lhes fazer uma serenata no jantar de Ação de Graças. Suas manifestações eram tão violentas que a maior fonte potencial de votos para Gore, a zona eleitoral do condado de Miami-Dade, teve de ser fechada.

Estava claro, para todos, que Gore venceria a recontagem — de acordo com o *Miami Herald*, um jornal conservador — por pelo menos 20 mil votos. E então os republicanos recorreram à Suprema Corte dos Estados Unidos. O prazo final para escolher os representantes do colégio eleitoral era, segundo as leis da Flórida, 12 de dezembro. Em 9 de dezembro — quando, depois de intermináveis batalhas legais, já estava montado um sistema para a correta contagem dos votos —, a Suprema Corte mandou parar tudo, enquanto julgava o caso, baseando-se no desconcertante argumento de que uma recontagem poderia causar "dano irreparável" a Bush ao lançar dúvidas sobre a sua vitória. (O dano irreparável a Gore não chegou a ser considerado.) O resultado da votação foi 5 a 4.

Os juízes da Suprema Corte são indicados para um cargo vitalício; sete dos nove magistrados foram indicados por presidentes republicanos. Dentre eles, Sandra Day O'Connor declarara publicamente que estava ansiosa por se aposentar, mas que não o faria caso um democrata fosse eleito presidente. A esposa de Clarence Thomas já trabalhava na equipe de transição de Bush, entrevistando futuros empregados para a nova administração. O filho de Anthony Scalia era um dos sócios do escritório de advogados que defendia os interesses de Bush perante a Corte. Além disso, Gore — nunca tendo imaginado que eles poderiam decidir a eleição — prometera, durante a campanha, jamais indicar juízes de extrema direita, como Thomas e Scalia; Bush havia dito que eles eram exatamente o tipo de magistrado que queria. Afinal de contas, seu pai os escolhera.

No dia 12 de dezembro, às dez da noite, a Corte, em mais uma votação por 5 a 4, decidiu contra a recontagem por três razões: havia apenas duas horas antes de o prazo expirar — graças a eles! — e, portanto, estava muito tarde; a Suprema Corte da Flórida não teria jurisdição sobre uma eleição na Flórida; e a recontagem era inconstitucional, com base na premissa de que os vários tipos de cédulas e as diversas formas de contá-las violavam a décima quarta emenda da Constituição, que garante "igual proteção" a todos os cidadãos. Apesar do viés político e da mendacidade explícitos nestes argumentos, Bush era, agora, legal e irrevogavelmente o presidente.

A decisão apresentava um dilema prático. Cada comunidade nos EUA vota de uma maneira, com cédulas e urnas diferentes. A alegação de que esta diferença fosse inconstitucional poderia, claramente, abrir caminho a contestações a toda e qualquer eleição futura no país, nos âmbitos local e nacional. Então a Corte, de maneira ainda mais espantosa, também determinou que esta violação constitucional só se aplicasse a esta eleição específica na Flórida.

O cerne da questão foi bem articulado pelo juiz John Paul Stevens, em sua opinião divergente: "Ainda que nunca possamos saber com toda a certeza a identidade do vencedor das eleições presidenciais, neste ano, a identidade do perdedor está perfeitamente clara. É a confiança da nação em sua Corte como guardiã imparcial da lei." Os americanos, até 12 de dezembro, tinham uma fé absoluta na Suprema Corte. Acreditavam que, a despeito de quão corruptos ou desencaminhados estivessem os poderes executivo ou legislativo, de alguma maneira a elevada imparcialidade da justiça prevaleceria. Esta flagrante politização da Corte é o maior golpe contra o sistema desde *Watergate* e a renúncia de Nixon. Suas repercussões ainda serão sentidas.

Existem golpes de Estado liderados por indivíduos poderosos com o objetivo de instalarem-se, eles próprios, no poder, e golpes através dos quais forças poderosas colocam no poder um testa-de-ferro. Esta versão americana é claramente do segundo tipo. Com relação à sua prévia carreira política, George W. Bush é a pessoa menos qualificada possível à presidência de um país. Durante a maior parte de sua vida, foi conhecido pela grande maioria de nós a partir da adolescência tardia: o garoto rico e cruel, aquele que tem sempre uma idéia nova para uma festa ou brincadeira. Neto de um conhecido senador e embaixador; filho de um deputado, embaixador, dirigente da CIA, vice-presidente e presidente; as conexões de sua família colocaram-no em Yale e Harvard, lugares nos quais gastou seu tempo com coisas como marcar a ferro quente, ele mesmo, os iniciados de sua fraternidade. Depois de passar pela Ivy League* e de ter sido aprovado apenas devido ao seu sobrenome, a família conseguiu, com a ajuda dos amigos ricos, assegurar-lhe empréstimos milionários para que começasse uma série de negócios, que faliram todos.

O sucesso chegou quando seu pai foi eleito presidente. Um grupo de milionários do Texas decidiu comprar um time de beisebol medíocre e, astuciosamente, colocaram o filho do presidente como seu administrador. Sua missão era a de persuadir o estado do Texas a construir, com dinheiro público, um estádio para o time. Ele teve sucesso e um luxuoso estádio foi construído, atraindo as multidões. Não havia a menor dúvida de que Bush Filho era um cara simpático e persuasivo e, depois de renunciar aos excessos de toda uma vida, ao álcool e às drogas e, como dizem, de ter aceitado Jesus Cristo em seu coração, estava claro, nos campos de golfe onde este tipo de decisão é tomado, que o pequeno Bush poderia se tornar um ótimo governador. Alguns meses depois de sua eleição, o time de beisebol foi vendido por uma

*Nome que se dá ao conjunto das oito grandes universidades — Brown, Columbia, Cornell, Dartmouth, Harvard, Princeton, Pensilvânia e Yale — do Nordeste dos EUA. (*N. do T.*)

fortuna e os sócios decidiram lhe dar — de seus próprios bolsos — muitos milhões acima do que seria justo que ele recebesse. É claro que isto era uma recompensa pelo excelente serviço prestado e não porque ele fosse um governador com bilhões de dólares em contratos a serem fechados.

Bush pode não ser tão estúpido quanto tem sido retratado incansavelmente pelos chargistas e comediantes da televisão — o *site* mais popular no momento é *bushorchimp.com*, com fotos comparando Bush a um chimpanzé —, mas deve ser a pessoa menos curiosa em toda a Terra. O que se conhece sobre ele é exatamente o que ele não faz. Não lê livros, não vai ao cinema, não vê televisão nem ouve qualquer tipo de música. Apesar de sua riqueza, suas únicas viagens para o exterior foram para o México, onde passou férias numa praia, uma curta viagem de negócios à Arábia Saudita e as férias de verão na China, quando seu pai era embaixador, um tempo que ele declara ter passado tentando "namorar mulheres chinesas". Nas cinco semanas durante as quais o resultado das eleições era contestado, Bush permaneceu recluso em seu rancho, onde não tem sequer uma televisão. Em outras palavras, era a única pessoa, em toda a América, que não fora afetada pela complexidade dos fatos. Como um imperador chinês, sua única fonte de informação era aquilo que seus ministros lhe diziam.

Ele dorme por volta das dez e tira longas sonecas durante o dia; sempre leva o seu querido travesseiro consigo. Gosta de jogar paciência no computador e algo chamado de videogolfe; seu prato favorito é sanduíche de pasta de amendoim.

Quando governador, nunca lia os relatórios, confiava nos resumos de seus assistentes; entediavam-no os detalhes. Suas dificuldades com a língua inglesa são lendárias. Existe, inclusive, um *site* na internet, atualizado diariamente, com suas frases estropiadas. Uma jornalista uma vez especulou que Bush teria sérias deficiências de leitura. Ele respondeu, e isto não é piada ou apócrifo: "Aquela mulher que disse que tenho dislexia, eu nunca nem a entrevistei!"

Ainda assim, quase metade dos eleitores (ou seja, 24% dos votantes, visto que apenas 50% votaram) votou nele, muito mais em virtude da inépcia de Gore que por conta das habilidades de Bush. Gore, com sua insistência neurótica de se dissociar da vida pessoal de Clinton — muito embora ninguém o imaginasse tendo "Mônicas" embaixo de sua mesa —, recusou-se a basear sua campanha nos oito anos de prosperidade econômica da administração Clinton-Gore. Tampouco se preocupou em relacionar Bush aos aspectos mais impopulares do Partido Republicano, como as contínuas investigações sobre Clinton e as audiências para um processo de *impeachment* — uma tentativa de golpe, em câmera lenta, durante seis anos, que não deu resultados. No fim, as eleições resumiram-se a saber qual dos candidatos era considerado mais simpático. Gore tinha os maneirismos de um professor de jardim-de-infância muito nervoso tentando ser paciente, enquanto Bush era simplesmente o cara que traz a cerveja para a festa.

O último bobo alegre a se tornar presidente, Ronald Reagan, era extremamente servil àquilo que Eisenhower famosamente chamou de "complexo industrial militar". Os impostos dos ricos e das corporações foram reduzidos a quase nada, os gastos militares aumentaram astronomicamente, o país passou do superávit para um déficit orçamentário de trilhões de dólares, a classe média empobreceu e os pobres ficaram arruinados. Bush, no entanto, faz parte de uma nova estrutura de poder, estrutura que pode se tornar muito assustadora: o complexo industrial-militar-cristão-fundamentalista.

Está claro para todo mundo, de esquerda ou de direita, que o homem menos importante na nova administração é George Bush. Sua ignorância do mundo e de todos os aspectos governamentais é tão completa que ele dependerá totalmente dos conselhos do seu primeiro escalão. Muitos deles vêm do Pentágono. Seu vice-presidente, Dick Cheney — considerado por unanimidade o vice-presidente mais poderoso de toda a história — foi o secretário de Defesa de Bush Pai durante a Guerra do Golfo Pérsico. O secretário de Estado, general Colin Powell, é um homem carismático, com uma tocante história de ascensão social, mas não se deve esquecer que ele ajudou a encobrir o massacre de My Lai, durante a Guerra do Vietnã, supervisionou os contras na Nicarágua e liderou tanto a invasão do Panamá quanto a Guerra do Golfo. (Sua indicação é, também, a violação de um acordo tácito que dita que o Departamento de Estado e o Pentágono, os diplomatas e os generais devem ficar separados para que cada grupo mantenha o outro sob controle.) O secretário de Defesa, Donald Rumsfeld, é um antigo representante da Guerra Fria, que ocupou esta mesma posição nos anos 1970, durante a presidência de Gerald Ford, e que, presumivelmente, foi descongelado de um recipiente criogênico. Ele é bem conhecido por sua oposição a toda e qualquer forma de controle armamentista e por seu entusiasmo pelas operações militares conduzidas no espaço sideral.

Suas principais preocupações serão ressuscitar o sistema de defesa (contra quem, ainda não está claro) Guerra nas Estrelas, de Reagan, além de uma terrível nova campanha militar no Iraque. Nos seus círculos, a Guerra do Golfo é considerada um fracasso, já que não foi coroada com o assassinato de Saddam Hussein. Bush tem de vingar o pai, e Cheney e Powell têm de se vingar. No primeiro dia da presidência de Bush, as primeiras páginas dos jornais já traziam histórias sobre a estocagem de "armas de destruição em massa" no Iraque. As únicas notícias espontâneas, é claro, são as de terremoto e acidentes de avião; o resto é sempre criado por alguém. Se a economia naufragar, como provavelmente acontecerá, uma nova campanha militar no Iraque será, com certeza, a distração mais adequada.

Os executivos amigos de Clinton vinham, em sua maioria, de Wall Street ou Hollywood. Seu último ato, como presidente, foi perdoar uma longa lista de vigaristas e criminosos de colarinho-branco. Mas, pelo menos, estes aliados eram benévolos em relação ao meio ambiente. O mundo capitalista de Bush faz parte do universo das grandes corporações texanas de petróleo, energia, mineração e madeira.

Clinton barrou a exploração econômica de terras federais e transformou milhões de acres em áreas de proteção da vida selvagem. Bush já anunciou sua intenção de reabrir estas terras, sobretudo no Alasca, para mineração e extração de petróleo. (Até mesmo o seu leal irmão está lutando contra ele quanto ao plano de instalar plataformas de exploração de petróleo na costa da Flórida.) Enquanto Bush foi governador do Texas, Houston tornou-se a cidade mais poluída nos EUA, porque ele instituiu uma política de obediência voluntária à regulação ambiental — e nem é preciso dizer que nenhuma das grandes indústrias quis obedecer. Sua nova secretária do Interior, Gayle Norton, que se recusara a processar poluidores quando era procuradora-geral do Colorado, que apóia enfaticamente a mineração e a prospecção de petróleo nos parques nacionais e, também, a adesão voluntária à legislação ambiental, não acredita que o aquecimento global seja causado pela humanidade e, o que é muito estranho, se opõe à proibição do uso de chumbo nas tintas. A nova responsável pela Agência de Proteção do Meio Ambiente foi governadora de Nova Jersey, o segundo estado americano mais poluído (depois do Texas), onde adotou, também, a política de adesão voluntária. O novo secretário do Trabalho é contra sindicatos, legislação de salário mínimo e regulação da segurança do trabalho. O novo secretário de Energia foi o senador que tentou, sem sucesso, aprovar um projeto de lei que propunha a extinção do Departamento de Energia.

Tudo isto já é muito ruim, mas é apenas uma continuação do período Reagan-Bush, quando, para se ter um exemplo, a pessoa responsável pela proteção das espécies ameaçadas de extinção era um grande caçador de animais selvagens, cujo escritório era decorado com as cabeças empalhadas dos animais exóticos que caçara. O que será novo na era Bush é o poder da direita cristã.

Antes da eleição, Bush fez sua campanha a partir do *slogan* "conservadorismo compassivo". Isto era geralmente interpretado como Bush sendo um conservador em termos fiscais, mas com uma sensibilidade social. Nenhuma vez a grande mídia sequer analisou o significado do termo, que foi cunhado por um certo Marvin Olasky, antigo judeu comunista que se tornou cristão-novo, editor de uma revista semanal fundamentalista e autor de livros como *Compassionate Conservatism* [Conservadorismo compassivo] e *The Tragedy of American Compassion* [A tragédia da compaixão americana], além de volumes como *Prodigal Press: The Anti-Christian Bias of the Media* [A imprensa pródiga: a tendência anticristã da mídia] e *Telling the Truth: How to Revitalize Christian Journalism* [Contando a verdade: como revitalizar o jornalismo cristão]. Ele é, se podemos dizer, o "pensador" favorito de Bush, e sua visão do conservadorismo compassivo é um programa de governo bem específico: os fundos governamentais designados para ajudar os pobres, os doentes, os analfabetos e os viciados em drogas deveriam ser entregues a instituições privadas de caridade cristãs. De mais a mais, não seriam todas as instituições cristãs — dentre estas algumas bem conhecidas — que se qualificariam. As únicas aptas a receber estes fundos seriam aquelas nas quais o comparecimento aos cultos e aos estudos bíblicos fosse obrigatório para os assistidos.

Bush tentou adotar esse tipo de programa no Texas, mas, no final, a justiça não permitiu. Na primeira semana de sua presidência, anunciou ter planos semelhantes. Sendo um homem que já declarou publicamente que aqueles que não crêem em Jesus irão para o inferno, para ele é natural ignorar a separação entre Igreja e Estado, um dos fundamentos do governo americano.

Quando candidato, procurou manter suas conexões fundamentalistas em segundo plano e falar de si mesmo como "um somador, não um divisor". No entanto, discursou alegremente na Bob Jones University, uma universidade evangélica na qual os estudantes são expulsos caso namorem alguém de outra raça e cujo fundador chamou o catolicismo de "a religião do Anticristo e um sistema satânico".

Porém, tão logo se tornou presidente, deixou cair a máscara sem perda de tempo. Sua cerimônia de posse foi cheia de referências específicas a Jesus Cristo, em vez de "Deus", o que seria mais ecumênico. Para secretário de Justiça, o cargo mais importante no que se refere à política interna — aquele que escolhe todos os juízes e promotores federais e é responsável, dentre outras coisas, pelo cumprimento da legislação de direitos civis, ambiental e antitruste —, escolheu um antigo governador e senador, John Ashcroft, que freqüentemente fala em línguas estranhas (assim como o juiz Clarence Thomas, o único negro de uma igreja pentecostal de brancos) e é um dos sustentáculos da Bob Jones University. Quando da sua eleição para o senado, seis anos atrás, Ashcroft derramou óleo de cozinha em sua cabeça, para se ungir da mesma maneira que os reis bíblicos. Em novembro passado, contudo, ele foi humilhantemente derrotado, em sua campanha para reeleição, por um cadáver — seu oponente morrera num acidente de avião algumas semanas antes.

Conhecido como o membro mais direitista do senado — mais à direita até do que o notório Jesse Helms —, Ashcroft tem se oposto publicamente a toda e qualquer forma de contracepção, à dessegregação racial nas escolas, ao apoio governamental às artes, ao controle da poluição, aos tratados contra testes nucleares, à proteção legal às mulheres e aos homossexuais, à ajuda governamental às minorias, e até mesmo às leis proibindo beber e dirigir. Diz-se que acredita que o assassinato de um médico que faz abortos é um homicídio justificável.

Ashcroft não é apenas contrário a qualquer forma de controle de armas, o que era de se esperar, mas ele também está ligado a uma organização chamada Gunowners of America [Proprietários de armas de fogo da América], que acredita que professores deveriam portar armas como um meio de lidar com estudantes indisciplinados. Esse tipo de ponto de vista não é exceção dentro da equipe de Bush, num país onde a principal causa de morte entre crianças são ferimentos de bala, em sua maioria acidentais. Quando congressista, o vice-presidente Cheney votou contra um projeto de lei que proibiria armas de plástico, que passam despercebidas pelos detectores de metais dos aeroportos — projeto que teve até mesmo o apoio da National Rifle Association [Associação Nacional do Rifle]. Há alguns anos, depois do massacre de estudantes na Columbine High School, no Colorado, Tom DeLay, um ex-dedetizador do Texas, hoje o homem mais poderoso no Congresso, disse: "O que se pode esperar, quando estas crianças vão à escola e aprendem que descendem de um bando de macacos?"

Talvez o mais estranho de tudo seja o fato de que, tanto Ashcroft quanto o secretário de Interior Norton, embora tenham nascido e sido criados no Norte e no Oeste, respectivamente, sejam obcecados por vingar a derrota do Sul na Guerra Civil norte-americana. Ashcroft está associado a uma revista neoconfederada chamada *Southern Partisan** [Partidário Sulista], que acredita que as diferentes raças eram mais harmônicas durante a escravidão e que, dentre muitas outras coisas, "negros, asiáticos, orientais, hispânicos, latinos e europeus orientais não têm temperamento para a democracia". A revista confecciona uma camiseta com um retrato de Abraham Lincoln e os dizeres "Sic Semper Tyrannis", que são as palavras que John Wilkes Booth gritou quando atirou em Lincoln. É a camiseta que Timothy McVeigh estava vestindo no dia em que explodiu o prédio do governo na cidade de Oklahoma.

Será Ashcroft a pessoa responsável pelo cumprimento da lei nos Estados Unidos. Uma Suprema Corte não tão expli-

*Em inglês, a palavra *partisan* não tem simplesmente o significado de "partidário"; pode também significar "guerrilheiro" ou "membro de algum grupo armado não-oficial". (*N. do T.*)

citamente política desde o século XIX será responsável pela interpretação final dessa mesma lei. Um sorridente boneco de trapos é o presidente, cercado por militares, empresários e fundamentalistas cristãos, todos inteligentes, experientes e que, com uma maioria republicana no Congresso e sem tribunais que os impeçam, podem, em essência, fazer o que quiserem. Os Estados Unidos, ai de nós, não são uma nação isolada no Himalaia ou nos Andes. Tremores, aqui, abalam o mundo todo.

BUSH FALA*

[23 de abril de 2001]

Bem, obrigado. Obrigado, Laura. Mais uma vez, obrigado a todos vocês por essa acolhida maravilhosa. Sei que vocês todos se juntam a mim para agradecer aos autores por estarem aqui esta noite. As leituras foram fantásticas e nós realmente gostamos. (Aplausos.) Vocês realmente prepararam o terreno com um alto padrão para a pequena leitura que pretendo fazer esta noite. (Risos.) Ora, algumas pessoas acham que minha mãe abraçou a causa da alfabetização — (risos) — devido a um sentimento de culpa pela minha própria criação. (Risos.) Essa é uma das razões pelas quais ela ficou tão feliz quando me casei com uma professora. A verdade é: acho que eu poderia ter prestado um pouquinho mais de atenção quando estava nas aulas de inglês, mas no final tudo correu bem. (Risos.) Estou muito bem empregado. (Risos.) Meu novo livro até saiu. E eu até trouxe um exemplar comigo. Muito bem, aqui está! Na verdade, eu não escrevi tudo isto, mas fui eu que inspirei. (Risos.) Um cara fez junto uma compilação da minha inteligência e sabedoria.

*Transcrição das observações feitas pelo presidente para uma "celebração da leitura", patrocinada pela Barbara Bush Foundation, no Wortham Theatre Center, em Houston, Texas.

(Risos.) Ou, como ele mesmo diz, minha "inteligência e sabedoria acidentais". Não é exatamente *A World Transformed* [Mundo transformado, livro de George Bush Pai], mas mesmo assim estou orgulhoso de que minhas palavras já estejam na forma de um livro. (Risos.) E pensei que hoje à noite eu poderia dividir com vocês algumas passagens citáveis. (Risos.) É quase como pensamentos do camarada Mao. (Risos.) Só que com risos e não em chinês. (Risos.) Aqui está uma! E eu realmente disse isto. (Risos.) "Sei que os seres humanos e os peixes podem coexistir pacificamente." (Risos.) Ora, isto faz você parar e pensar. (Risos.) Qualquer um pode apresentar para vocês uma frase coerente, mas algo assim leva você a uma dimensão totalmente nova. (Risos.) Aqui tem outra! "Entendo o crescimento de pequenos negócios. Também fui um." (Risos.) Caramba, como gosto da grande literatura. Eu disse esta aqui em New Hampshire: "Valorizo a preservação. É o que você deve fazer quando concorre à presidência." (Risos.) "Você tem que preservar." Vocês sabem, realmente não tenho a mínima idéia do que eu estava falando na ocasião. (Risos e aplausos.) Vocês sabem, muitas vezes, durante a campanha, me perguntaram sobre economia e eu realmente disse isto: "Mais e mais nossas importações vêm do exterior." (Risos.) Ora, a maioria das pessoas diria isto se estivesse falando sobre economia. Nós devemos fazer crescer o bolo. (Risos.) E, no entanto eu disse isto: (Risos.) "Nós devemos fazer o bolo mais alto." (Risos.) É que eu estava tentando fazer uma observação econômica muito complexa naquela ocasião. (Risos.) Mas acreditem em mim... acreditem em mim, este país precisa é de um bolo mais alto. (Risos e aplausos.) E que tal isto como uma visão para a política externa? "Quando estava crescendo, era um mundo perigoso. E nós sabíamos exatamente quem eles eram." (Risos.) "Éramos nós contra eles." (Risos.) "E estava claro para nós quem eles eram." (Risos.) "Hoje não estamos tão certos de quem eles são" — (risos) — "mas sabemos que eles estão lá." (Risos e aplausos.) Aliás, John Ashcroft diz que falo assim por causa do meu fervor religioso. Na verdade, da primeira vez que nos encontramos, ele pensou que eu estivesse falando em outras línguas. (Risos.) Por fim, tem a famosa declaração: "Raramente a pergunta é perguntada, as nossas crianças está aprendendo?" (Risos.) Analisemos esta frase por um momento! (Risos.) Se você for pedante, com certeza pensará que o verbo no singular, "está", deveria estar no plural, "estão". Mas se você lesse com mais atenção veria que estou usando a forma intransitiva do plural do subjuntivo. (Risos.) Então, a palavra "está" estão correta. (Risos e aplausos.) Agora, senhoras e senhores, vocês têm que admitir que nas minhas frases eu vou aonde nenhum homem foi antes. (Risos.) Mas da maneira que eu vejo, sou uma bênção para a língua inglesa. Até cunhei novas palavras como: "disavaliar" — (risos) — e "hispanicamente". (Risos.) Expandi a definição das próprias palavras ao usar "vulcanizar" quando queria dizer "polarizar" — (risos) — "grécios" quando queria dizer "gregos", "inebriante" quando queria dizer "hilariante". (Risos.) E em vez de "barreiras e tarifas", disse "tarreiras e barifas" (Risos.) Todos nós fazemos nossas contribuições no mundo e eu imagino que a minha não será para o tesouro literário da civilização ocidental. (Risos.) Mas eu realmente espero poder contribuir do meu próprio jeito...

NOVA YORK: O DIA SEGUINTE

[12 de setembro de 2001]

Escrevo no limbo entre a ação e a reação, sabendo que as revelações e as reações que virão já terão transformado estas palavras num recorte de jornal velho já na ocasião em que aparecerem impressas pela primeira vez. Isto, então, é apenas o registro de um dia, são algumas anotações, provenientes de um limbo emocional e temporal.

E é escrito de um limbo geográfico, pois a área de Nova York em que vivo, mais ou menos um quilômetro e meio ao norte do World Trade Center, não é uma zona de guerra arruinada, como a que aparece na televisão, mas uma espécie de área de quarentena. Ao sul de Canal Street, os prédios foram evacuados, não há telefone nem eletricidade e o ar está espesso, com uma desagradável mistura de fumaça e poeira. Entre Canal Street e a rua 14, região que abrange Greenwich Village, onde vivo, apenas os moradores podem entrar — e é preciso que atravessem uma espécie de barreira militar, controlada por soldados da Guarda Nacional vestindo roupas camufladas e portando rifles, e que examinam demoradamente as carteiras de identidade. Não há carros, correio nem jornais; as lojas estão fechadas; e os telefones funcionam irregularmente. Pelo menos o ar está limpo. O vento sopra em direção ao sul — todo mundo aqui observou como os dias de ontem e hoje estavam bonitos —, mas amigos que moram na direção do vento, no Brooklyn, descrevem seus arredores como uma Pompéia cheia de cinzas.

Está claro que é impossível saber quais serão os efeitos do terror de ontem; se a psique nacional (caso haja uma) ficará permanentemente alterada ou se as imagens recuarão na memória, como outras tantas vindas de mais um espetáculo da mídia. Este é claramente o primeiro evento, desde que os meios de comunicação de massa atingiram a onipotência, que é muito maior do que a própria mídia, e que ela não consegue absorver e controlar com facilidade. Caso tenha sucesso, a vida do país, afora as tragédias pessoais, permanecerá em seu estado semi-alucinatório de contínua fabricação de imagens. Caso falhe, alguma coisa profunda poderá realmente mudar.

Este é o primeiro ato de violência de massa desta escala a acontecer nos Estados Unidos desde a Guerra Civil, na década de 1860. (Pearl Harbor, que tem sido usado freqüentemente como termo de comparação — hiperbolicamente no que diz respeito às conseqüências, mas não de maneira injusta no que se refere à trágica surpresa —, foi um ataque a uma base militar, numa colônia americana.) Estamos sentindo, agora, o que o resto do mundo tem sentido com muita freqüência. É a primeira vez que americanos foram mortos, por uma força "estrangeira", no seu próprio país, desde a guerra do México na década de 1840. (É claro que, para os mexicanos, a guerra aconteceu no México.) É, também, o primeiro choque genuinamente nacional desde 1968, com os assassinatos de Robert Kennedy e Martin Luther King, seguidos pelos tumultos na convenção democrática, em Chicago. A despeito das incessantes tentativas da televisão para fabricar desastres, ninguém, neste país, com menos de 40 anos de idade, jamais experimentou uma ameaça séria ao bem-estar geral.

As ramificações pessoais são quase ilimitadas. Cinqüenta mil pessoas, de todos os estratos sociais, trabalham no World Trade Center e 150 mil visitam-no diariamente. Dezenas de milhões de pessoas em todo o país e no exterior conhecerão (ou conhecerão alguém que conhece) alguém que morreu, ou escapou miraculosamente, ou terão elas mesmas suas próprias memórias de suas próprias observações do porto de Nova York e da Estátua da Liberdade.

Por outro lado, o local do segundo ataque, o Pentágono, é uma área proibida, tão remota quanto os prédios do governo na cidade de Oklahoma. Se apenas o Pentágono tivesse sido atacado, levaria dias para nos darmos as mãos, devido ao "ataque à honra nacional", mas, ao fim, como em Oklahoma, tudo cairia no esquecimento, não passando de mais uma imagem televisionada. Entretanto, o World Trade Center é bem real para um grande número de pessoas. Nenhuma crise súbita, talvez desde o estouro da Bolsa de Valores em 1929, afetou, de maneira tão direta, tantas pessoas neste país.

Este choque tem sido acompanhado de uma espécie de incredulidade desesperadora de que, no âmbito nacional, não há ninguém capaz de tranqüilizar os cidadãos e de guiá-los rumo a um futuro que se torna cada vez mais incerto. A eleição (mais precisamente, a seleção) de George W. Bush abalou — séria, talvez incorrigivelmente — a confiança depositada na última instituição de governo ainda imaculada, a Suprema Corte. A resposta de Bush aos ataques de ontem destruíram por ora — e talvez para sempre — as últimas migalhas de esperança de que a presidência o amadureceria de alguma forma, ou então traria à luz alguma habilidade, até o momento, escondida.

Com as notícias do ataque, ele saiu da Flórida, onde visitava uma escola primária, voou para uma base militar na Louisiana e de lá foi para o refúgio na lendária casamata subterrânea do Comando Estratégico Aeronáutico, em Nebraska. (Um lugar a respeito do qual eu não ouvia falar desde a minha infância, na época da Guerra Fria: diziam-nos que era para lá que o presidente e os líderes do governo iriam, para poder defender o "mundo livre", quando as bombas atômicas caíssem.) Depois de um dia de prevaricação, Bush finalmente apareceu em Washington, onde leu, muito mal, um discurso preparado de cinco minutos, não respondeu a nenhuma pergunta da imprensa e também não fez comentário algum. Como sempre, seu rosto expressava a mais completa confusão.

Bush foi depois seguido pelo secretário de Defesa, Donald Rumsfeld, cuja bizarra entrevista coletiva, totalmente dedicada a vazamentos de segurança, lembrava o impagável Dr. Fantástico. Em um momento de ansiedade nacional e com centenas de mortos em seu próprio departamento, Rumsfeld gastou seu tempo com reclamações de que, durante o governo Clinton, as pessoas tornaram-se relaxadas com documentos confidenciais. Advertiu, com severidade, que partilhar documentos confidenciais com pessoas não-autorizadas poderia prejudicar os valorosos homens e mulheres das Forças Armadas americanas; ameaçou com rigorosos processos legais qualquer pessoa que divulgasse informações secretas; e pediu a todos os empregados do Pentágono que informassem os seus superiores se soubessem de algum vazamento de informação confidencial. Quando perguntado se o vazamento de documentos secretos teria, de alguma forma, ajudado os terroristas, Rumsfeld respondeu que não e foi embora.

Ninguém, até o momento, explicou o que exatamente estava na cabeça de Rumsfeld, mas a lógica da aparente covardia de George W. Bush mereceu algumas explicações engenhosas. Hoje, funcionários do governo dizem que o ataque terrorista foi na verdade uma tentativa de assassinato, que o avião que acertou o Pentágono ia para a Casa Branca (mas caiu no Pentágono por acidente), e que o avião que caiu na Pensilvânia estava, de alguma maneira, tentando acertar o avião presidencial, o Air Force One*. Eu, por aca-

Air Force One [Força Aérea Um] é como os americanos chamam o avião presidencial. (*N. do T.*)

so, assisti a estas declarações na televisão com um grupo de crianças de 13 anos de idade; todas elas sorriram zombeteiramente.

No período do pós-guerra, houve presidentes considerados, pela direita ou pela esquerda, verdadeiras encarnações do mal (notavelmente, Nixon e Clinton), mas vistos como gênios do mal. Bush é o primeiro a ser reconhecido por todos como um bobo. (Até mesmo seus partidários sustentam que ele é apenas um bom sujeito, mas que está cercado por pessoas excelentes.) Justamente em um momento de crise nacional — numa época de decadência generalizada dos poderes governamentais, quando um bom governo se faz realmente necessário —, o país está sendo dirigido por um homem de quem até as crianças debocham, o que pode abrir feridas, até mais profundas do que as abertas pelo próprio ataque, na psique nacional. Não é de surpreender que a reação no interior dos Estados Unidos, mesmo distante dos atentados, tenha sido a de cada-um-por-si: grande aumento na venda de armas e munições, esvaziamento das prateleiras de alimentos enlatados e água mineral nos supermercados, filas enormes nos postos de gasolina. Quando não há governo, é um salve-se-quem-puder generalizado.

A percepção da incapacidade de Bush foi ainda aumentada pelo notável desempenho do prefeito de Nova York, Rudolph Giuliani. Escrevo isto relutante e estupefato, após tê-lo detestado a cada minuto dos seus oito anos na prefeitura. Giuliani tem sido um ditador, etnicamente divisor, cuja ideologia, em suas próprias palavras, é a de que "liberdade é autoridade (...) a disposição de cada ser humano para ceder à autoridade legítima uma grande parcela de sua liberdade sobre o que fazer e como fazê-lo". Entretanto, nesta crise, ele transformou-se no Mussolini que regula os horários dos trens. Ao contrário de sua personalidade anterior, ele está totalmente à disposição da imprensa, com quem tem se encontrado a cada poucas horas. Diferentemente de qualquer outro político que ocupe o tempo da televisão, ele evita explosões de nacionalismo e limita-se a descrever cuidadosamente quais são os problemas e quais soluções está tomando. Ao contrário de Bush, acolhe todas as perguntas; conhece, em detalhes, a maioria das respostas, ou então explica por que desconhece. A especialidade de Giuliani sempre foi administrar crises. O seu problema, como prefeito, foi que sempre lidou com os problemas cotidianos de governo como se fizessem parte de uma crise contínua, que devesse ser tratada por meio de uma espécie de lei marcial. Agora que uma crise de verdade aconteceu, ele prontificou-se a resolvê-la.

O lema dominante em Nova York, em ocasiões de desastre ou emergência, sempre foi: "Estamos todos juntos nisto." Mais uma vez este é o caso, o que foi reconhecido por Giuliani e usado para o proveito geral. Ao contrário do resto dos Estados Unidos, os nova-iorquinos não aliviam sua dor comum com nacionalismos e provocações de guerra. Eles não estão comprando armas. Na maior cidade judia do mundo, não estão atacando os árabes que administram pequenas mercearias em quase todas as vizinhanças. (Imagine se isso acontecesse em Paris ou Londres.) Ao contrário, sua resposta tem sido um apoio emocionante e efusivo às equipes de resgate, aos bombeiros, ao pessoal da área médica, aos trabalhadores de construção civil e à polícia. As pessoas aplaudem, das calçadas, quando vêem passar os comboios com equipes de socorro. Tanta comida já lhes foi doada que os responsáveis lançam apelos para que as pessoas parem de doar.

Os nova-iorquinos — ao contrário do estereótipo, mas o que não surpreende quem vive aqui — responderam com uma espécie de transe secular, mais evidente nas vigílias à luz de velas e nos santuários improvisados com flores, velas e fotografias dos desaparecidos que, rapidamente, se espalharam por toda a cidade. Todos estão nas ruas, subjugados e silenciosos, em choque e de luto; estão porque, com certeza, precisam da companhia de outras pessoas. Diversas vezes, hoje, amigos e até mesmo pessoas que apenas conheço de vista — pessoas que sabem que não vivo perto do World Trade Center e que seria muito improvável que eu estivesse por lá — abraçaram-me e disseram: "Estou tão feliz por você estar vivo!" Isto não é um sentimento dirigido a mim como indivíduo, mas sim como um rosto familiar, uma parte reconhecível da comunidade dos vivos.

Temo que esta espécie de amor comunal não se repita nos Estados Unidos como um todo, onde o sentimento de vingança já prevalece. (Alguém me enviou um editorial de um jornal da Carolina do Sul que adverte: "Quando nos atacam com Pearl Harbor, respondemos com Hiroshima.") Se Bush, por acaso, vier a mostrar algum tipo de liderança, esta será em nome da guerra. Ele está cercado por impenitentes soldados da Guerra Fria que, até ontem, tiraram os EUA dos tratados de paz e das negociações entre as Coréias do Norte e do Sul, encorajaram a escalada nuclear da Índia e (espantosamente) da China, estão obcecados com um sistema de defesa Guerra nas Estrelas, típico das revistas em quadrinhos, e, talvez o pior de tudo, deixaram de lado o projeto de Clinton de desfazer o país dos estoques de armas nucleares que sobraram após o colapso da União Soviética. (Foi apenas um milagre que uma destas bombas não estivesse em um dos aviões no ataque de ontem.)

Além disso, desde que Reagan invadiu Granada — a única "guerra", desde a Segunda Guerra Mundial, que os EUA realmente venceram —, tornou-se quase previsível que, quando as notícias econômicas vão mal, o presidente lance ataques militares (Panamá, Iraque e Líbia) como estratégia doméstica de diversão e, também, como um meio para reverter a queda de popularidade. O plano de Bush de cortar os impostos dos ricos, de aumentar os gastos militares e de mandar para todas as pessoas um cheque de 300 dólares transformou em déficit um enorme superávit do governo, que poderia ter sido gasto com os desastrosos sistemas de saúde e de educação americanos. A economia, no conjunto, está uma bagunça. O ataque terrorista aconteceu em meio à primeira recessão, desde a presidência de Bush Pai, e esta traz em seu bojo perspectivas sombrias para o futuro. As chances de reeleição — a principal força a motivar a política americana — para Bush Filho tornaram-se bem fracas. Ele precisa de uma guerra.

E tem ainda a "maldição dos Bush", que é a covardia. Na Segunda Guerra Mundial, Bush Pai saltou de pára-quedas do avião de caça que pilotava e todos os outros a bordo morreram. Procedente ou não, a acusação de covardia o tem perseguido por toda a sua vida, e a Guerra do Golfo foi, de muitas maneiras, sua tentativa de compensar. Mesmo em seu ambiente militar machista, ele foi considerado um covarde por não ter "terminado o trabalho", com a invasão de Bagdá e a morte de Saddam Hussein. Bush Filho, assim como os demais militantes do governo atual, evadiu-se da Guerra do Vietnã. Ele também sentirá necessidade de provar a si mesmo que é homem, vingar o pai e a si próprio, especialmente depois da sua fuga inicial para a casamata do Comando Estratégico Aeronáutico.

Pior ainda, Bush será estimulado por gente como Condoleezza Rice, uma das pessoas mais assustadoras e poderosas de seu governo. Ela, uma afro-americana, uma improvável, quase que inacreditável, encarnação do etos da classe guerreira prussiana. Ela, uma fanática pela forma física e por fisiculturismo, que colocou um espelho em sua mesa de trabalho para poder se ver falando, é uma oponente de todas as formas de controle de armas; certa vez, ao comentar sobre os esforços de ajuda humanitária em Kosovo, disse que os fuzileiros navais norte-americanos haviam sido treinados para o combate e não para entregar leite em pó. Em meio a Rice, Rumsfeld e ao vice-presidente Cheney, dentre tantos outros, é terrível que o general Colin Powell, da Guerra do Golfo e do massacre de My Lai, tenha se tornado a última esperança da voz da razão neste governo. Ele deve ser o único a saber que o Afeganistão — o nosso alvo inicial mais provável — sempre foi um cemitério para os poderes imperiais, de Alexandre, o Grande, aos impérios britânico e russo.

Ainda não se sabe se os ataques de ontem levam, ou não, a algum tipo de guerra terrestre ou simplesmente a ataques aéreos, que são politicamente mais seguros; e se, por sua vez, resultarão em mais terrorismo por aqui. Mas, com toda a certeza, alguma coisa profunda mudou. Não é tanto uma perda de inocência ou de segurança quanto de espírito visionário. Desde a eleição de Reagan em 1980, muitos agora se referem aos EUA como a República do Entretenimento. É bem verdade: menos da metade dos seus cidadãos se importam em ir votar, mas quase todos se submetem a fazer fila para comprar ingressos para algum novo estouro de bilheteria cinematográfico que estiver sendo anunciado histericamente pela mídia. (Filmes — particularmente os do último verão — de que ninguém realmente gosta, com grande público no primeiro fim de semana e muito pouco na semana seguinte.) Reagan, como todos sabem, foi mestre em transformar Washington em Hollywood, posando para fotos e decorando cuidadosamente suas falas. Bush levou tudo isso a um nível mais alto. Enquanto as encenações de Reagan tinham o objetivo de promover o que quer que ele estivesse fazendo, as de Bush são calorosas vinhetas de televisão, dizendo justamente o oposto de suas políticas implementadas. Assim, tivemos Bush na floresta exaltando a beleza dos parques nacionais, ao passo que os abria para mineração e extração de madeira; Bush lendo para crianças em idade escolar (como ontem) e ao mesmo tempo cortando a parte do orçamento destinada às bibliotecas. Ou então, o meu momento Bush favorito: um discurso que fez para um grupo que presta serviços comunitários chamado Clubes dos Garotos e Garotas da América, dizendo que são exemplos daquilo que torna os Estados Unidos fortes e livres. No dia seguinte, seu governo eliminou totalmente os fundos governamentais destinados a eles.

Nos últimos vinte anos, os norte-americanos têm sido submetidos a uma constante invasão de imagens a partir da mídia, com um aumento contínuo do sensacionalismo — do mesmo modo que os romanos precisavam colocar emulsão de peixe em suas comidas para que seus paladares, insensibilizados pelo chumbo dos canos d'água, pudessem ser avivados. A violência tornou-se grotesca, as comédias precisam, cada vez mais, de bobagens escatológicas que são confundidas com transgressões; os filmes de aventura deixaram a narrativa de lado e se transformaram em parques temáticos que oferecem, a cada segundo, a emoção dos efeitos especiais; as corporações fabricam cantores de *rap* revolucionários ou grupos de rock com meninos brancos revoltados; a televisão transforma a morte de celebridades esquecidas em dias de luto nacional e a previsão de qualquer tempestade em calamitosos desastres potenciais, produzindo uma torrente inexorável de tragédias wagnerianas a partir dos infortúnios de pessoas "reais" e bem comuns.

Das diversas imagens indeléveis do ataque ao World Trade Center, a que penso (ou espero) que terá um efeito permanente é aquela dos aviões chocando-se com a torre. Foi imediatamente percebida por todos — como não poderia deixar de ser — como uma cena de filme, mostrada em diversos ângulos de filmagem já no segundo dia. Os Estados Unidos, como já foi dito inúmeras vezes, tornaram-se o lugar no qual a irrealidade da mídia é a realidade dominante, onde a vida cotidiana é uma paródia autoconsciente e irônica do que é visto nas telas espalhadas pelo país. Mas qual será o significado, quando se chegar à conclusão de que este último simulacro, o maior efeito especial de todos os tempos, causou a morte de pessoas reais, algumas até mesmo conhecidas, e a destruição de um lugar que muitos já visitaram?

Talvez o ataque de ontem afunde no esquecimento coletivo e voltemos aos filmes-catástrofe e aos comediantes da televisão que, não surpreendentemente, são uma das maiores fontes de notícias para a maior parte dos norte-americanos. No momento é difícil imaginar um retorno ao reino de fantasia da mídia enquanto ópio do povo. A conclusão é que os noticiários televisivos, tão acostumados às hipérboles, não têm a menor idéia de como lidar com esta história. Transformaram-na em espetáculo televisivo: com um ar de dramaticidade, diversas entrevistas em *close-up* com os parentes das vítimas, filmagens montadas ao estilo MTV, encaixando a música, câmeras na mão seguindo a polícia e os bombeiros em ação, como nos *reality shows* policiais. Entretanto, diferentemente de tudo que já apareceu na televisão em décadas, esta história tem um significado pessoal para milhões de seus espectadores. Apesar dos grandes esforços da própria televisão, isto é algo que, até o momento, resiste a tornar-se apenas mais um espetáculo televisivo. A humanidade não agüenta tanta irrealidade.

Enquanto isso, a história filtra-se de pessoas que conheço bem ou muito vagamente. Um homem que morreu no avião seqüestrado que se chocou contra o Pentágono. Um homem que tinha uma reunião no World Trade Center, mas chegou vinte minutos atrasado. Uma mulher que estava trabalhando no 82° andar da segunda torre viu o avião se chocar com a primeira torre, começou a correr escada abaixo e conseguir sair ilesa. Um fotojornalista, que cobrira as guerras nos Bálcãs e no Oriente Médio, ao ouvir as notícias, correu para o local com sua câmera fotográfica e desapareceu. Uma mulher que ficou em casa doente. Duas irmãs, estudantes do ensino médio, que baldearam na estação de metrô bem abaixo do World Trade Center dez minutos antes e continuaram seu trajeto.

Nesta manhã, a CNN exibia uma legenda na qual se lia "MANHATTAN VIRTUALMENTE DESERTA". Meu filho olhou para mim e disse: "Ei! Nós ainda estamos aqui!"

NOVA YORK: TRÊS SEMANAS DEPOIS

[2 de outubro de 2001]

Nos dias da Guerra do Vietnã, havia um pôster *kitsch*, decorado com pombas e flores, no qual se lia: "Imagine que declarem uma guerra, mas ninguém vá?" Uma versão atual, menos sonhadora e estranhamente realista, poderia dizer: "Imagine que declarem uma guerra, mas não se saiba onde?"

Os Estados Unidos estão em guerra. Sofreram as piores — e praticamente as primeiras — perdas de civis desde que o general Sherman incendiou Atlanta durante a Guerra Civil. A maior parte do país e ambos os partidos políticos juntaram-se a um presidente que fala a língua dos fanáticos religiosos ("cruzada"), dos *cowboys* ("procurado: vivo ou morto") e dos caçadores ("desentocá-los") para fazer exigências, não-negociáveis, a governos estrangeiros e para defender a derrubada de um destes. Centenas de cidadãos comuns foram presos em função de seus nomes ou aparência, e os órgãos asseguradores da lei estão exigindo a supressão de leis que garantem a liberdade civil, invocando um estado de emergência. Em todos os lugares de concentração pública, a segurança criou filas de espera de horas e horas. Fabricantes de bandeiras dos Estados Unidos, máscaras de gás e antídotos contra o antraz não conseguem atender à demanda.

Jornalistas de pequenos jornais foram demitidos porque escreveram colunas depreciando o presidente, e as críticas brandas de um comediante de televisão receberam uma dura resposta da Casa Branca dizendo que, em momentos como este, "deve-se tomar cuidado com o que se fala". Mesquitas foram incendiadas; milhares de estudantes universitários árabes mandados de volta para casa; baderneiros no Arizona mataram um *sikh*, embora ele não fosse árabe nem muçulmano, pelo crime de estar usando um turbante. E, num incidente grotesco, um carro cheio de homens brancos em Oklahoma atirou em uma índia norte-americana, gritando: "Por que você não volta para o seu país?"

Aqui em Nova York, não houve violência e a sede por vingança foi suplantada pelo luto pelos 6 mil — ou mais — mortos e por uma efusão de amor pelos bombeiros e integrantes de equipes de resgate, tanto os vivos quanto os mortos. O sentimento prevalecente é o da apatia desencadeada pelas explosões, chamado atualmente de distúrbio de estresse pós-traumático e associado a uma grande apreensão quanto ao futuro. Encontros casuais nas ruas têm o calor do contato humano — estamos passando por tudo isso juntos — mas, ao telefone, as pessoas parecem distantes e abstraídas.

A bajulação geral ao prefeito Rudolph Giuliani nos primeiros dias da crise, no entanto, está acabando rapidamente, ao mesmo tempo em que suas medidas de segurança colocam a cidade sob uma espécie de lei marcial. Giuliani tem de se aposentar em 1º de janeiro, de acordo com a legislação sobre a duração do mandato que foi aprovada, graças ao seu apoio, nos anos 1990. Mas, na onda de sua súbita popularidade e na crença inabalável em sua indispensabilidade, ele tem insistido na revogação da lei, para poder se candidatar mais uma vez ou, então, para que lhe sejam outorgados, ao menos, mais três meses na prefeitura — o que seria uma clara violação do processo eleitoral, sem precedentes em toda a história dos Estados Unidos. Enquanto isso, muitos dias depois da ameaça inicial, inúmeras barreiras policiais surgiram por toda a cidade: por exemplo, um potencial homem-bomba não conseguiria andar até Wall Street, mas poderia, facilmente, pegar o metrô até lá. Toda vez que desço a minha própria rua, tenho de mostrar algum documento de identificação, simplesmente porque há uma delegacia de polícia no próximo quarteirão. (As barricadas são controladas por policiais bronzeados, vindos da Flórida, mandados como tropa de apoio, e que, quando examinam os documentos dos passantes, mostram um zelo investigativo que certamente não tinham quando os seqüestradores viviam por lá.) Mais bizarro ainda, há apenas alguns dias, Giuliani anunciou que todos, com exceção da imprensa e da mídia credenciadas, estão proibidos de fotografar as ruínas do World Trade Center e as operações de resgate — quase três semanas depois que dezenas de milhares de pessoas já foram, pessoalmente, testemunhar a devastação e, não sabendo o que mais fazer em tal cenário, tiraram algumas fotos.

Os Estados Unidos estão em guerra. O clima geral é de medo, luto, incerteza, união, patriotismo, suspeita dos vizinhos e ódio pelos inimigos — a guerra parece ter transformado cada pequeno pedaço da vida cotidiana. E ainda assim alguma coisa está faltando: a própria guerra.

Nos primeiros dias seguintes ao desastre, algumas facções dentro do governo Bush exigiam que ele bombardeasse, imediatamente, o Afeganistão, o Iraque, a Síria e, talvez, até o Irã, como punição por abrigarem ou apoiarem terroristas. Um colunista, popular entre o pessoal de Bush, escreveu: "Sabemos quem são os maníacos homicidas. São aqueles que agora dançam e celebram. Deveríamos invadir os seus países, matar seus líderes e convertê-los ao cristianismo." O próprio Bush, que parecia perdido e hesitante nos primeiros dias da crise, apareceu perante o Congresso como um homem mudado, surpreendentemente resoluto. De acordo com o jornal *New York Times*:

> Um dos conhecidos mais próximos do presidente fora da Casa Branca disse que Bush sente, de forma clara, ter encontrado a sua razão de ser: uma convicção formada e moldada pela corrente de cristianismo seguida por ele próprio. "Neste contexto, penso que talvez tenha sido para isto que Deus o preparou", disse o conhecido. "Isto lhe dá uma grande clareza."

Houve medo — e ainda há — de que Bush tivesse se tornado o espelho de Osama bin Laden, guiado por Deus para matar. Não parece mera coincidência que Bush tenha usado a palavra "cruzada" como símbolo para o que os Estados

Unidos estavam a ponto de fazer, e que a organização protetora de Bin Laden, que abriga em seu seio vários grupos terroristas, se chame Frente Internacional Islâmica Contra os Judeus e os Cruzados. Uma guerra religiosa parecia iminente.

E, ainda assim, três semanas mais tarde, nada havia acontecido. Ninguém sabe por quê, mas presume-se que a notória prudência de Colin Powell — até então, um esquecido membro do gabinete de Bush — e algum conselho paterno de Bush Pai tenham prevalecido miraculosamente sobre o miasma de inexperiência e ignorância que Bush Filho exala. O problema, com certeza, é que a Guerra contra o Terrorismo é apenas uma metáfora para uma guerra, como a Guerra às Drogas. É uma guerra sem um exército inimigo e sem alvos militares. A única ação militar possível seria, ela mesma, alguma outra forma de terrorismo: bombardear civis na esperança de que os danos físicos e psicológicos levassem-nos a forçar alguma mudança política interna. Seria um terrorismo, surpreendentemente, mais ao estilo dos argelinos, irlandeses, israelenses ou palestinos, em suas respectivas guerras de independência, do que ao estilo de Bin Laden, cujos atos teatrais de carnificina não almejam mudar a mentalidade ou os governos no Ocidente, mas fazem crescer sua reputação junto a alguns setores no mundo muçulmano.

No seu discurso ao Congresso, Bush estava totalmente certo quando, de passagem, comparou os terroristas à Máfia. Os EUA passaram a maior parte do século XX combatendo a Máfia — felizmente, sem mandar bombardear a Sicília — sem muito sucesso. (A Máfia foi definhando quando começou a mandar seus filhos para a Harvard Business School [Faculdade de Administração de Harvard], para aprenderem a administrar suas riquezas.) A Guerra às Drogas, trinta anos mais tarde e após o gasto de bilhões de dólares, levou simplesmente a uma maior proliferação das drogas. O terrorismo é uma atividade criminosa, não militar, e é sempre um desastre quando os militares substituem a polícia.

Também é um erro pensar o terrorismo muçulmano em termos puramente políticos. É óbvio que Bin Laden já declarou seus objetivos políticos — a retirada das tropas norte-americanas da Arábia Saudita, o fim dos bombardeios ao Iraque e do apoio dos EUA a Israel —, mas estes são apenas perfunctórios, parte de um projeto muito mais amplo. Os terroristas são os anti-heróis do islamismo radical e esta é uma forma de expressão da cultura jovem no mundo islâmico.

Nos últimos cinqüenta anos houve uma explosão populacional em todo o mundo muçulmano; em alguns países o aumento foi de até sete vezes. Em quase todos os países muçulmanos, a idade média da população é de 18 anos, sendo que um terço dela tem entre 15 e 30 anos. São centenas de milhões de jovens, com muito pouca educação, desempregados e sem a mínima esperança de conseguir trabalho, amontoados em cidades que crescem caoticamente, vivendo em países governados por oligarquias, seculares ou religiosas, compostas por uma elite rica e educada, cujo estilo de vida é praticamente inalcançável para as massas. Graças à televisão, estes jovens são assediados por imagens de um outro mundo: não apenas de belas estrelas cinematográficas, como de luxúrias inimagináveis, nas salas de estar e nas cozinhas, das famílias supostamente comuns dos seriados da TV. Ao contrário da Ásia, onde há, nas redondezas, nações que conseguiram chegar muito perto deste modelo glamouroso de classe média, no mundo árabe há apenas Israel, país cujo sucesso econômico coincidiu com a repressão dos seus habitantes muçulmanos.

O Islã Radical é um exemplo clássico de rebelião juvenil: rejeição total dos valores paternos; desprezo pela cultura dominante (que é percebida em termos de estereótipos ou abstrações); invenção de um "estilo de vida alternativo" totalmente auto-suficiente, com a prescrição de rígidos códigos de crença, moral, conhecimento e até mesmo vestuário. Os movimentos juvenis têm fascinação por violência exagerada e aleatória: os futuristas exigiam que se queimassem os museus; André Breton descreveu o verdadeiro surrealista como o homem que sai às ruas armado com uma pistola e começa a atirar; o chamado do *hippie* é para que se vá para casa matar os pais. Estas são piadas e antipiadas, e acompanham uma admiração iconoclástica por aqueles que realmente cometeram esse tipo de violência: os protagonistas de grotescas cenas de assassinato, ou grupos marginais de extremistas políticos, como o Weather Underground, o grupo Baader-Meinhof e as Brigadas Vermelhas. Neste sentido, para os jovens do Islã Radical, 2001 é o seu 1968, e o ataque ao World Trade Center, uma emocionante e espetacular peça de teatro político, que vai muito além da imaginação de qualquer situacionista. Nesse sentido, a Guerra contra o Terrorismo só terminará quando esta geração entrar na meia-idade.

Como todos os movimentos de jovens, esse também representa uma mudança de consciência, cujas manifestações concretas são sociais, em vez de políticas. O Talibã, por exemplo — a própria palavra "talibã" significa "estudante" —, assim como os jovens da Revolução Cultural Chinesa, com suas execuções e punições públicas, é terrivelmente eficaz na imposição de hábitos e costumes — deixar as barbas crescerem, subjugar as mulheres, banir a música, a televisão e todas as demais coisas ocidentais —, mas não tem a mínima idéia sobre como alimentar sua própria população ou sobre como reconstruir sua própria nação depois das várias décadas de guerra.

A resposta dos movimentos de jovens tende a ser política ou militar e, quase sempre, falha, exceto quando há repressão interna absoluta (como na Praça da Paz Celestial). No caso atual, o governo dos EUA, depois de ter criado o monstro Talibã em seus laboratórios, durante a Guerra Fria, está agora prestes a criar um outro monstro, a Aliança do Norte — uma espécie de Talibã, mas com outro nome —, para preencher o papel dos "guerreiros da liberdade" que libertarão o país. Parece que nunca aprendem aquela lição que a CIA chama de "tiro pela culatra": ou seja, as conseqüências desastrosas de suas intenções liberatórias. Foi um erro que os EUA cometeram várias vezes, e é um equívoco acreditar que a derrubada dos talibãs enfraquecerá, em vez de fortalecer, o Islã Radical, enquanto movimento de âmbito internacional.

No entanto, três semanas depois, ainda estamos vagando no limbo situado entre o choque da ação e a incerteza da reação. É o oposto dos bombardeios contínuos e do estado de inanição que legamos ao Iraque, em que nada foi dito sobre as coisas horripilantes que foram feitas. Mas agora se fala tudo — não há fim para as ameaças e a linguagem bombástica —, mas nada acontece. Centenas de pessoas foram presas, mas não se encontrou nenhuma que tivesse uma ligação direta e consciente com o plano de seqüestro dos aviões. Há uma procura geral pela cabeça de Bin Laden, mas ainda não se produziu nenhuma prova, a não ser ideológica, de que ele realmente esteja envolvido. Há um pânico geral de armas químicas e biológicas, mas não existe nenhuma prova de que outros grupos terroristas as possuam ou estejam prontos para usá-las. Navios cheios de soldados e aviões de guerra foram enviados ao Oriente Médio e à Ásia Central, mas permanecem, até o momento, misericordiosamente ociosos.

Entretanto, três semanas depois, o mais comovente nessa crise toda foi um sentido de comunidade, de pertencimento a uma mesma humanidade, unida não somente pelo ultraje, pelo luto e pelo amor, mas também pela habilidade de contar histórias. Nova York é a cidade mundial por excelência. Metade dos seus habitantes vem de outros países e quase todo o resto é composto por seus filhos e filhas. (Um fato que parece não ter sido levado em conta pelos seqüestradores ou pelos intelectuais no exterior que estranhamente os louvaram. Este golpe contra o Império norte-americano matou muitas centenas de pessoas que vieram de fora dos Estados Unidos e muitos dos milhares de sobreviventes, agora sem emprego ou benefícios sociais, vieram de países do Terceiro Mundo.) O que quer que aconteça em qualquer parte do mundo, de um desastre natural a uma campanha política, tem alguma repercussão por aqui. Então, como conseqüência, um evento desta magnitude que ocorra aqui é sentido em toda parte.

Um choque nacional, como o assassinato de Kennedy, leva, essencialmente, a diversas variações pessoais da mesma história: onde eu estava quando ouvi a notícia. Mas o ataque ao World Trade Center teve ramificações mais amplas e confusas pelo mundo afora. Nas últimas três semanas, tenho passado meus dias ouvindo histórias, nem sempre trágicas, mas muito diferentes dos relatos de heroísmo e auto-sacrifício que enchem as páginas dos jornais.

O belga que comemorou o seu aniversário, em 11 de setembro, levando a namorada para o litoral. Passeando pela cidade, passaram em frente a uma loja de eletrodomésticos com uma muralha de televisores na vitrine, todos eles mostrando um avião que se chocava com as Torres Gêmeas. Pensando que fosse algum filme-catástrofe, eles simplesmente continuaram sua caminhada.

A mulher cujo marido trabalhava no octogésimo andar de uma das torres e cujo filho estava num vôo da United de Newark para São Francisco. Por várias horas ela ficou sem saber se o filho fora o responsável involuntário pela morte de seu marido e, o que é pior, sua última conversa com o marido fora uma discussão bem acalorada. Mas o filho acabou pegando um vôo que saíra uma hora mais cedo e a briga fez com que o marido chegasse atrasado ao trabalho.

O indiano que descreveu a sua raiva, no aeroporto de Bombaim, onde as forças de segurança confiscavam os potes e as latas de picles caseiros — que os indianos sempre carregam quando retornam para os seus lares no exterior ou quando visitam os parentes, e que são uma fonte de orgulho familiar — por elas serem grandes e poderem, potencialmente, servir de esconderijo para bombas. As pilhas de recipientes com picles transformaram o aeroporto num insólito e pungente depósito de mercadorias.

A mulher de um grupo de discussão sobre tricô na internet, que contou a história de uma colega, na Austrália, que, querendo fazer alguma coisa para ajudar, chegou à conclusão de que tricotar era o que fazia melhor, então decidiu fazer um cobertor e mandá-lo para Nova York. Quando estava sentada, tricotando, em um ônibus em Adelaide, a passageira ao seu lado quis saber o que ela estava fazendo e, depois de receber a explicação, esta passageira perguntou se também poderia tricotar algumas carreiras. E então, outros passageiros também começaram a pedir para participar e o novelo de lã foi passado de mão em mão. No final, o motorista parou o ônibus para que ele também pudesse ajudar a terminar o cobertor.

A mulher que estava num avião, de Chicago para Denver, quando o World Trade Center foi atingido. De repente, ela vê todas as aeromoças dirigindo-se rapidamente para a cabine do avião. Depois, elas saem de lá chorando e sussurrando, mas logo retomam a compostura, pegam o carrinho de bebidas, sem nenhuma explicação e, sorrindo, começam a oferecer uma rodada extra a todos os passageiros.

O norte-americano que se mudara para um pequeno vilarejo na França, recentemente, e, aonde quer que fosse, era recebido com silêncio e indiferença. Mas, no dia seguinte ao atentado, quase todos no vilarejo foram à sua casa para lhe levar flores e comida.

E, enquanto os *e-mails* estão cheios de falsas versões do inevitável Nostradamus, um amigo, que procurou em Herman Melville um refúgio momentâneo, encontrou estas estranhas palavras no primeiro capítulo de *Moby Dick*:

> E, sem dúvida, minha ida nesta viagem de caça às baleias fazia parte do programa maior da Providência traçado há muito tempo. Surgiu como uma espécie de breve interlúdio e solo no meio de execuções mais extensas. Imagino que esta parte do programa seja apresentada mais ou menos assim:
>
> *"Eleições Gerais para a Presidência dos Estados Unidos Contestadas."*
> "VIAGEM DE ISMAEL DE CAÇA ÀS BALEIAS."
> "BATALHA SANGRENTA NO AFEGANISTÃO."

E um outro amigo, ao ler os diários norte-americanos de Simone de Beauvoir, achou estas anotações relativas ao dia 27 de janeiro de 1947:

O sol está tão bonito, as águas do Hudson tão verdes que eu pego o barco que leva os turistas do Meio-Oeste dos Estados Unidos para a Estátua da Liberdade. Mas não desço na ilhota que se parece mais com um pequeno forte. Apenas quero olhar a paisagem do Battery*, que já vi tantas vezes nos filmes. Observo-a. À distância, suas torres parecem frágeis. Elas estão tão certinhas em suas linhas verticais que parece que o menor sopro poderia derrubá-las, como a um castelo de cartas. Quando o barco chega perto, os seus alicerces parecem mais firmes, mas a linha de desnível continua indelével. Um dia de manobra perfeito para um bombardeiro!

*Parque localizado ao sul da ilha de Manhattan, na parte superior da baía de Nova York. Durante o período colonial e a independência dos Estados Unidos, lá foram montadas peças de artilharia para defender a costa. (*N. do T.*)

NOVA YORK: QUATRO SEMANAS DEPOIS (GRANADA)

[9 de outubro de 2001]

Depois de ordenar o bombardeio do Afeganistão em 7 de outubro, George Bush foi para o gramado brincar com o seu cachorro e praticar arremessos de golfe. Desde 11 de setembro ele tem mantido sua programação normal, trabalhando até as seis da tarde, quatro dias por semana, e saindo na sexta-feira, ao meio-dia, para um fim de semana prolongado em seu rancho ou então no retiro de Camp David. Nunca, em um momento de crise, um presidente norte-americano pareceu tão descansado.

Junto com os mísseis Tomahawk e as bombas lançadas pelos F-14s F-16s, B-52s, B-1s e B-2s, os EUA jogaram também 37.500 pacotes com "rações diárias humanitárias", uma única refeição — acompanhada de "lenços umedecidos" — em um país onde quatro milhões de pessoas passam fome. Estes pacotes contêm sanduíches de pasta de amendoim e geléia. Aliás, sanduíches de pasta de amendoim são verdadeiros ícones na família Bush. Bush Filho já disse que eles são a sua comida favorita. Bush Pai, logo após ser eleito presidente, esboçou sua visão do futuro nos seguintes termos:

"Precisamos que os Estados Unidos continuem a ser, como me disse uma criança uma vez, 'a coisa mais parecida com o céu'. Ou seja, muito sol, lugares para nadar e sanduíches de pasta de amendoim."

O nome original da campanha militar, "Justiça Infinita", foi mudado depois que clérigos muçulmanos reclamaram que apenas Alá poderia distribuir justiça infinita. O novo nome, "Liberdade Duradoura", teve o objetivo de proclamar a resistência da liberdade norte-americana, mas agora representa a resistência afegã à liberdade norte-americana.

Estamos bombardeando o Afeganistão como retaliação, pois se acredita que os terroristas que atacaram o World Trade Center e o Pentágono ali ficaram abrigados e foram treinados para o atentado. Entretanto não há, até o momento, nenhuma prova que confirme isso. O que ficou provado é que os terroristas se abrigaram na Flórida, onde treinaram para a sua missão.

Estamos bombardeando o Afeganistão para derrubar o regime repressivo dos talibãs. Uma repressão que, até 10 de setembro, não incomodava, nem um pouco, o governo dos EUA. Para alcançar o fim almejado estamos apoiando os "combatentes da liberdade" da Aliança do Norte, cujo governo, de 1992 a 1996, foi marcado por conflitos armados cruéis, quebra de alianças, traições e morte de dezenas de milhares de civis. Ou, então, estamos apoiando a volta ao trono do rei do Afeganistão, atualmente com 86 anos de idade e sem nenhuma capacidade de liderança reconhecida — o que seria irônico, não fosse tão trágico. Os talibãs colocaram o país em ordem rapidamente, mas, no entanto, de maneira hedionda: organizaram execuções públicas para punir transgressões sociais, mas não massacraram as massas. Em poucas palavras: o Talibã é ruim, mas as alternativas são bem piores.

Para podermos justificar a preparação militar e a intervenção, tivemos de transformar um pequeno grupo de criminosos foragidos em um inimigo poderosíssimo. As afinidades reais dos seqüestradores são desconhecidas, mas pode-se presumir que eles sejam, ao menos, ideologicamente simpáticos a Osama bin Laden, líder de apenas mais um grupo terrorista, dentre tantos outros. Agora Bin Laden transformou-se, para o seu deleite, na mente brilhante por trás de todos os grupos terroristas, que estariam fortemente ligados entre si e organizados na rede al-Qaeda, que por sua vez é retratada como parte integrante de um governo nacional, o dos talibãs, que também possui alvos militares mais tradicionais, muito embora estes sejam bem poucos. Com a invenção de um inimigo, os militares têm, naturalmente, de exagerar as habilidades deste inimigo, uma situação muito comum durante a Guerra Fria. Os militares não conseguem entender que o "inimigo" tenha atacado e vencido a batalha, contra os nossos armamentos bilionários de última tecnologia, armados com um punhado de estiletes. Nestas condições, tem-se, como resultado, os contínuos e assustadores rumores sobre armas químicas e biológicas, que não passam de simples boatos, pois não há nenhuma evidência de terroristas que tenham ou estejam a ponto de usar esse tipo de armamento.

As represálias militares aos ataques terroristas (Líbia, 1986; Sudão e Afeganistão, 1998) mataram civis, exacerbaram o ódio aos Estados Unidos e, evidentemente, não contribuíram para acabar com o terrorismo, mas, com certeza, atraíram novos simpatizantes para as suas fileiras. O terrorismo é uma atividade criminosa, não militar; não pode ser eliminado totalmente, mas pode ser reduzido a partir de medidas preventivas de segurança, aliadas a investigações mais cuidadosas, que também incluam o intercâmbio de informações entre países. Por exemplo, o atentado no World Trade Center, em 1993, poderia ter sido evitado se o FBI tivesse examinado atentamente as caixas com cartas, documentos e fitas de áudio que já estavam em sua posse. Mas tudo estava em alguma língua estrangeira e os agentes do FBI tinham mais o que fazer.

O fim do terrorismo depende, também, de uma impossibilidade, que foi muito bem articulada por uma mensagem utópica, escrita em um cartaz levantado por paquistaneses, em uma manifestação, há algumas semanas: "Estados Unidos: Imaginem Por Que o Mundo Odeia Vocês."

Em vez de tentarmos prender os criminosos responsáveis para levá-los a julgamento na Corte Internacional, estamos agora diante de um possível efeito dominó:

No Paquistão, o general Musharraf trocou o seu apoio a uma intervenção militar norte-americana pela retirada de sanções e pela perspectiva de receber milhões de dólares em ajuda externa e militar. Ainda assim, diversos membros do Exército paquistanês são veteranos da guerra afegã-russa ou seus discípulos e, portanto, simpáticos a Bin Laden. Para evitar um golpe de Estado ou uma guerra civil, Musharraf terá de unir o país contra um inimigo comum, que poderá ser a Índia, começando pela região da Caxemira, que há vários anos é o campo de batalha entre esses dois países. Por sua vez, a Índia, governada por fundamentalistas hindus, expressou abertamente o desejo de seguir o exemplo norte-americano e atacar os grupos terroristas caxemirianos que estão abrigados e são treinados no Paquistão. E, é claro, ambos os países possuem bombas atômicas. (Durante a campanha presidencial no ano passado, quando perguntado, Bush não soube dizer os nomes dos líderes do Paquistão e da Índia. Com certeza, agora ele sabe.)

No Uzbequistão, país que atualmente acolhe forças militares norte-americanas, os movimentos de guerrilha islâmicos que tentam derrubar o ditador Islam Karimov com certeza ganharão novos seguidores, o que pode provocar uma intervenção russa. Os ataques norte-americanos também servirão para arregimentar forças para a interminável guerra na Tchetchênia, bem como entre os muçulmanos que lideram o movimento separatista na província de Xinjiang, na China.

Ontem, a polícia palestina matou jovens palestinos que protestavam em apoio a Bin Laden. O esfacelamento da autoridade de Arafat, já em progresso, resultará em um fortalecimento dos grupos que pregam a luta armada, o que, por sua vez, provocará mais intervenções da parte do terrível Ariel Sharon, que inclusive imputou aos EUA a tarefa de "apaziguar" os árabes.

Por todo o mundo árabe, o espectro do poderio militar dos Estados Unidos massacrando camponeses afegãos indefesos só alimentará a raiva dos jovens do Islã Radical, ameaçando regimes políticos, desde a ditadura saudita, que Bin Laden quer derrubar, por permitir a presença de soldados norte-americanos em terra sagrada, até o Egito e a Turquia, que, na verdade, já estariam sob a ameaça de movimentos fundamentalistas.

Nesse meio-tempo, o FBI, com a sua costumeira sensibilidade pública, declarou que, no momento, é "100% certo" que ocorrerão represálias terroristas nos EUA.

A Guerra contra o Terrorismo será orquestrada pelo vice-presidente Cheney da mesma maneira que ele conduziu a Guerra do Golfo: em segredo e com o controle total da mídia. (Em sua entrevista coletiva de ontem, o secretário de Defesa Rumsfeld pediu três vezes aos repórteres para não ser citado, apesar de a entrevista ter sido transmitida ao vivo pela CNN.) O sucesso norte-americano será exagerado — com os seus pronunciamentos diários de um grande triunfo, a Guerra do Golfo fez lembrar o livro *1984*, de Orwell —, mas existe esperança de que a mídia ocidental, ao menos fora dos EUA, não se deixe enganar mais uma vez. Além disso, o que mudou, da Guerra do Golfo até hoje, foi a ascensão da internet como fonte instantânea de informações para a oposição. Ainda se verá se os talibãs têm um apelo midiático capaz de conquistar a simpatia mundial, com a ampliação de suas próprias baixas, ou se conseguirão manter obstinadamente o machismo de fingir que não sofreram nenhum dano.

Bin Laden, no entanto, transformou-se, surpreendentemente, num gênio da mídia. Ele conseguiu de fato "aterrorizar" o Ocidente e aumentar, em muito, a avaliação de sua força real — que, antes disso, era pequena — ao planejar (ou capitalizar) a transformação de uma cena de cinema-catástrofe, digna de Hollywood, em uma dura realidade. Por outro lado, a divulgação de uma gravação dele, dois dias atrás, imediatamente após o início dos bombardeios, foi uma brilhante evocação de alguma figura reverenciada, na melhor tradição muçulmana: o santo, sábio e ascético, em sua própria caverna. Sua mensagem, em som e imagem, foi direta como um anúncio de televisão e foi impossível refutá-la com igual precisão: nós somos homens simples de fé e eles são os monstros que lançaram a bomba em Hiroshima, mataram milhões de crianças no Iraque e agora querem nos matar no Afeganistão.

Na gravação, Bin Laden relembrou a derrota do Império Otomano. Ele foi seguido por seu chefe tático, Ayman al-Zawahiri, da Jihad Islâmica Egípcia, que fez menção à "tragédia de al-Andalus", a expulsão dos mouros da Espanha.

Uma das partes acredita que esta guerra começou há quatro semanas; a outra, que ela já tem quinhentos anos.

E tem mais: eu conhecia duas pessoas que morreram no 11 de setembro; muitas outras eram amigas de amigos meus. Até agora, elas e as outras 6 mil foram as vítimas inocentes de um crime bárbaro inimaginável. Enquanto eu assistia às cenas das manifestações em todo o mundo, cheguei à conclusão de que elas, com suas mortes, transformaram-se em algo mais. Mas agora elas se transformaram em baixas de guerra, simples estatística numa crescente contagem de corpos, tão anônimas quanto os afegãos que perecerão com os bombardeios norte-americanos. A partir de agora serão retratadas, por ambos os lados, não mais como vítimas de um assassinato, mas como mártires de uma causa. Ao vingar suas mortes com mais mortes ainda, Bush, Cheney, Rumsfeld, Rice e Powell eliminarão as identidades e, sobretudo, a inocência dos nossos próprios mortos, enquanto cometem assassinatos pelo mundo afora.

NOVA YORK: UM ANO DEPOIS

[1 de setembro de 2002]

Às vésperas do primeiro aniversário do 11 de Setembro e de um frenesi midiático que pode levar o país a um choque hiperglicêmico, alguém pode querer se retirar para as montanhas, como um sábio chinês, ou então contemplar, por um momento que seja, de perto ou de longe, o marco zero.*

Não tem nada lá. Todo o entulho foi retirado tão eficientemente que o terreno nos remete, agora, ao seu epônimo em inglês, ou seja, o ponto de explosão de um ataque nuclear. O espaço antes ocupado pelas torres é quase palpável. E, ainda assim, o vazio absoluto da cena é tranqüilizante: um refúgio de silêncio, um "antimonumento", o que, neste caso, é o melhor monumento possível, um centro silencioso ao redor do qual gira um mundo e um ano de loucuras e mudanças contínuas.

Desde o 11 de Setembro, a obsessão nacional dos norte-americanos tem sido o delineamento de como "nós" somos diferentes. Parece que todo artigo de revista ou jornal, não importa o assunto — relações conjugais, videogames,

*Os americanos chamam este ponto de explosão de "*Ground Zero*", que quer dizer, numa tradução literal, "ponto de explosão de uma bomba atômica". (*N. do T.*)

férias de verão, a nova ficção —, tem agora de incluir ao menos um parágrafo que demonstre o quanto o tema em pauta ou o seu futuro foram irrevogavelmente afetados por aquele dia fatídico.

"Nós" sempre tem sido uma generalização inútil em uma nação habitada por uma pluralidade de pessoas que não têm quase nada em comum entre si, a não ser o seu gosto por certos bens de consumo e *fast food* — um gosto compartilhado hoje por centenas de milhões de pessoas em outros países que, supostamente, não são como "nós". Para dizer a verdade, a palavra "americano", quando usada para definir qualquer outra coisa que não seja a orientação política do governo dos EUA, quase nunca tem sentido: existem exceções demais à regra.

Mas, fazendo uso da primeira pessoa do plural, apesar disto, é difícil perceber como, de alguma maneira, os artefatos e as atitudes dos norte-americanos mudaram desde o 11 de Setembro. Tomemos um exemplo óbvio: mais do que nunca as pessoas foram aos cinemas, neste verão, para ver coisas explodirem — com explosões até mesmo em Nova York, como no caso do filme *Homem-Aranha*. Filmes que, de acordo com os comentaristas, em 12 de setembro, nunca mais seriam feitos, visto que a realidade ultrapassara a ficção. Mas, de alguma maneira, apesar do desastre e da interpretação do espírito da época pelos especialistas, a vida e o *Homem-Aranha* sempre acham um jeito de seguirem seu curso.

E, ainda assim, alguma coisa de fato mudou. Em poucas palavras, "nós" somos os mesmos, mas nos tornamos pessoas extremamente nervosas. No ano passado, os norte-americanos ficaram como os noviços de algumas seitas, mantidos acordados e num estado de obsessão permanente. Ou, para ser mais preciso, como os espiões capturados nos filmes dos anos 1960, que eram amarrados a uma cadeira e torturados, em algum quarto pequeno, com música bem alta e imagens psicodélicas projetadas nas paredes.

Duas forças poderosas se combinaram para levar os norte-americanos à loucura. De um lado, a equipe da Casa Branca. (Neste caso não se pode, como é de costume, personificar e fazer referência a um governo usando o nome do seu líder, já que George W. Bush tem exatamente a mesma relação com as políticas do seu governo que a Britney Spears tem com a administração da Pepsi.) Como em todos os governos despóticos — e não uso o termo levianamente —, reconheceu-se que o melhor jeito de conquistar o apoio popular é aumentar, para a sociedade, o perigo das ameaças internas e externas. De outro lado, há os canais de notícias 24 horas, hiperbólicos e histéricos, sempre à procura do sensacionalismo que mantenha suas audiências hipnotizadas em frente à televisão. Juntas, essas duas forças criaram uma espécie de tecnologia delirante do perturbador e do assustador, com cada novo pânico induzido juntando-se ao próximo e apagando da memória o anterior.

Estamos sendo levados à loucura porque, a cada duas ou três semanas, já há muitos meses, o FBI ou o esquisito secretário de Justiça, fundamentalista cristão, John Ashcroft, anuncia que algum ataque terrorista é "iminente" e "certo" para os próximos dias, ou para o fim de semana, ou para a próxima semana. Para que ninguém se sinta confortável, os alvos estão espalhados por todo o país: da ponte Golden Gate à Torre da Sears, do Memorial de Lincoln à Disney World, passando pelo Sino da Liberdade e até, que Deus não permita, pelos estúdios da Universal. Ashcroft, depois de ter assistido muitas vezes ao filme *Sob o domínio do mal*, ao que parece, de tempos em tempos chama-nos a atenção para "células terroristas adormecidas" da al-Qaeda, que funcionam no anonimato, talvez até mesmo perto de nossas casas, e que poderão despertar a qualquer momento. Quase todo dia, aeroportos são evacuados, *shopping centers* são esvaziados e o trânsito arrasta-se por horas tendo de passar por inúmeras barreiras policiais.

Estamos sendo levados à loucura porque, nas primeiras semanas depois do 11 de Setembro, a mídia desenvolveu uma fixação pelas possibilidades e as conseqüências de um possível ataque terrorista com armas biológicas, mais especificamente com antraz. Previsivelmente isso teria levado alguém solitário e em busca de emoção — um tipo bem comum nos Estados Unidos — a enviar esporos de antraz pelo correio, espalhando medo entre todos os cidadãos que não vivem perto de monumentos históricos ou parques temáticos. Também previsível foi a equipe da Casa Branca e a mídia que lhe é subserviente terem anunciado que isto fora feito por terroristas árabes, mesmo que fosse óbvio, desde o início, que as cartas contaminadas foram enviadas por algum de nós, como Timothy McVeigh ou Unabomber —

um terrorista internacional liberaria esporos de antraz no metrô de Washington; não os mandaria para algum tablóide de fofocas sobre pessoas famosas vendido em supermercados provincianos nos Estados Unidos. (E agora sabemos que a equipe da Casa Branca estava tão obcecada em encontrar alguma conexão terrorista iraquiana que acabou proibindo o FBI — que não precisa da ajuda de mais ninguém para ser incompetente — de seguir pistas domésticas.) Ainda hoje, leva meses para que uma carta, enviada para qualquer órgão do governo, possa chegar ao seu destino, pois toda a correspondência, como o jantar de qualquer família norte-americana padrão, tem de passar pelo forno de microondas.

Estamos sendo levados à loucura porque a prisão sigilosa e a deportação, sem julgamento, de milhares de homens (cujo número exato ainda é desconhecido), apenas pelo fato de serem do Oriente Médio, ou terem a pele mais escura, ou falarem alguma língua estrangeira em público — um grupo que inclui ainda judeus israelenses e *sikhs* indianos — foram aterrorizantes, não só para os norte-americanos muçulmanos mas para os milhões de residentes, legais e ilegais, de origem não-européia. Dentre os latino-americanos com quem falei — pessoas pobres cheias de idéias confusas a respeito dos muçulmanos, mas com um conhecimento enciclopédico sobre as leis e as práticas da imigração — há uma crença generalizada de que seriam "primeiro eles e depois nós".

Estamos sendo levados à loucura por causa das prisões sigilosas; da declaração de Ashcroft de que qualquer crítica ao governo é um ato de traição; da publicação, na internet, de listas com os nomes dos professores universitários que criticaram o governo; da proposta presidencial de se criar um exército com milhões de informantes para o governo, composto de carteiros, leitores de medidores de gás e eletricidade, entregadores de pizza ou qualquer outra pessoa que toque uma campainha; e das advertências daquele ceifeiro sinistro, o secretário de Defesa Donald Rumsfeld (a quem Henry Kissinger, logo ele, chamou de "a pessoa mais assustadora que jamais conheci"), sobre a existência de traidores entre nós vazando informações confidenciais. Tudo isso foi misturado para provocar medo de represálias entre aqueles que têm alguma opinião a ser expressa, pública ou privadamente. Afinal de contas, o alicerce da democracia norte-americana é, ao menos em teoria, a liberdade de expressão. Na prática isso costuma significar que qualquer um pode falar qualquer coisa porque, na verdade, ninguém está prestando atenção. Mas de repente surge a possibilidade de que pessoas como Ashcroft talvez estejam ouvindo e que todos os críticos serão transformados em dissidentes e enfrentarão repercussões concretas por suas idéias abstratas.

Estamos sendo levados à loucura pelas guerras, reais ou potenciais. Já se esqueceu que, no dia 10 de setembro, Bush era um presidente extremamente impopular. O *boom* econômico dos anos Clinton chegara ao fim e Bush era geralmente visto como um tolo, o eterno alvo das piadas dos comediantes noturnos da TV; um autômato controlado pelo seu Dr. Mabuse/Dr. No/Dr. Evil, o vice-presidente Dick

Cheney; um presidente que nem chegou a ser eleito. A única salvação para Bush era uma guerra capaz de reunir toda a nação, mesmo artifício usado por seu pai durante a crise econômica de seu próprio governo; é evidente que, caso o 11 de Setembro não tivesse acontecido, os EUA invadiriam o Iraque antes do fim de 2001. A equipe da Casa Branca começou a falar sobre isso já no primeiro dia de presidência de Bush, mas eles precisavam, primeiro, montar a equipe de governo e esperar pela chegada de uma estação mais fria no deserto.

O 11 de Setembro deu-lhes uma oportunidade alternativa. Em vez de tratar o ataque — como fora feito na Europa — como um crime monstruoso, mas cujos perpetradores diretos já estavam mortos, e cujos cúmplices precisavam ser presos, o atentado foi logo classificado como um ato de guerra, um novo Pearl Harbor, o que está longe de ser verdade. (A guerra é, como se diz comumente, a política ou os negócios continuados por outros meios: uma tentativa de coagir o inimigo a aceitar a nossa política, ou o nosso produto ou a nossa soberania. A al-Qaeda, assim como todos os movimentos de jovens revolucionários, está mais preocupada em conquistar consciências do que com as realidades políticas, e o ataque ao World Trade Center foi uma forma de autopromoção monstruosa.) Na ausência de um inimigo tangível contra quem guerrear, a equipe da Casa Branca rapidamente misturou a al-Qaeda e o Talibã na mente da população, lançou a Guerra contra o Terrorismo — transformou uma metáfora, ou *slogan* publicitário, em uma realidade grotesca —, proclamou novas e emocionantes vitórias todos os dias e, provavelmente, matou muito mais pessoas inocentes do que as que morreram no 11 de Setembro.

Quanto a Osama bin Laden ou a qualquer outro membro importante da al-Qaeda, a Guerra contra o Terrorismo não conseguiu, como se diz na famosa "imitação" que Bush faz de John Wayne, "desentocá-los e caçá-los até a morte". Mas isso não importa: a mídia ficou maravilhada com a captura de um adolescente californiano, a quem logo apelidaram de "o Rato", enquanto clamava por sua execução, até o momento em que sua família contratou alguns advogados caros — isso é justiça à moda norte-americana — que lhe salvaram a vida. Mas não importa: Ashcroft logo interrompeu a programação da televisão para anunciar, via satélite, direto de Moscou, a sensacional prisão de um homem de olhar sinistro, com nome árabe, que estava prestes a explodir bombas radioativas "sujas" em cidades norte-americanas não especificadas. Isso causou vários dias de delírio televisivo sobre quão fácil é montar esse tipo de bomba, seu potencial mortífero e como é impossível nos protegermos delas, até que por fim foi revelado que o nefando construtor de bombas sujas era apenas um porto-riquenho, membro de uma gangue de rua em Chicago que se convertera ao islamismo na prisão, e que toda essa trama sinistra não tinha passado de uma pesquisa com as palavras "bomba radioativa", em uma página de buscas da internet.

Mas não importa: não encontrando nada digno de medo no Afeganistão, a equipe da Casa Branca começou a procurar por outros lugares contra os quais guerrear. Indonésia? Filipinas? Síria? Planos foram feitos, examinados com triunfante satisfação e depois deixados de lado. Então, depois de terem se recusado a apoiar as negociações iniciadas por Clinton, entre as Coréias do Norte e do Sul, começaram a ameaçar derrubar o Grande Líder norte-coreano — foi a primeira vez que um governo norte-americano falou de "um ataque preventivo" com armamento nuclear. A isso se seguiu o famoso discurso de Bush sobre o "Eixo do Mal" — que, para refrescar a memória de vocês, era formado por Irã, Iraque e Coréia do Norte, países intimamente aliados, mas, de alguma forma, não incluía os vândalos, os hunos e os visigodos —, que era tão assustador que os meus filhos chegaram a me perguntar seriamente se não seria melhor nos mudarmos para a Costa Rica. Atualmente, está claro que a equipe da Casa Branca luta um estranho simulacro de guerra no Iraque. É como um daqueles jogos táticos de tabuleiro que os jovens costumavam jogar antes da Era do Videogame: a cada dia anunciam estratégias de batalha diferentes, seguidas por mapas, por sua vez seguidos de explicações — ao que parece baseadas em telepatia — sobre quais serão as estratégias de defesa de Saddam Hussein.

Mas, acima de tudo, maior do que o pesadelo de terroristas adormecidos, polícias secretas, ataques nucleares e cartas anônimas do Juízo Final, no último ano fomos levados à loucura pelo dinheiro. Durante os anos Clinton, pela primeira vez, a classe média investiu a maior parte de suas economias — sobretudo o capital de seus fundos de pensão —

no mercado de ações. Hoje, a metade desses investimentos está perdida — e, em alguns casos, o prejuízo foi bem maior. O colapso do mercado de ações significa que milhões de pessoas perderam seus empregos ou então passaram a trabalhar em troca de salários bem menores. Isso, mais do que qualquer outra coisa, é devastador num país que tem por base a "busca da felicidade" e o sonho de um futuro glorioso. Normalmente, a solução da equipe da Casa Branca para esse tipo de crise é o corte dos impostos de quem ganha mais de 2 milhões de dólares por ano. E não querem apenas cortar os impostos corporativos, mas também tornar os cortes retroativos, de modo que as empresas possam receber devoluções do que foi pago nos últimos 12 anos. (Como aparentemente ainda existe um partido de oposição chamado Democrata, eles prudentemente escolheram um período de 12, em vez de cinqüenta ou cem, anos.)

É possível entender os Estados Unidos? Os europeus costumam vê-los apenas como uma versão mais rica, vulgar e violenta da Europa. Mas os dois têm pouca coisa em comum, além de uma vasta população branca. Os Estados Unidos são uma espécie de republiqueta, mas com muito dinheiro. São, talvez, o exemplo mais perfeito de como funciona realmente uma republiqueta. Seus generais não precisam tomar o poder, nem se preocupar com aqueles maçantes assuntos domésticos não-militares, pois, não importa quem seja oficialmente o chefe de governo, eles sempre conseguem o que querem: um montão de novos brinquedinhos para usar.

(Freqüentemente o Congresso até lhes dá brinquedos que eles não pediram.) De mais a mais, assim como os generais de uma republiqueta, eles não têm nenhum desejo — desde a Guerra do Vietnã — de matar pessoas com seus brinquedos, já que isso significa que alguns dos seus próprios garotos podem ser mortos. Eles têm fetiche por equipamento militar e querem apenas adquirir o material bélico mais moderno e planejar novas manobras militares para poder usá-los. O tipo de guerra preferido dos EUA é a invasão de Granada, e a relutância norte-americana de ir à guerra é, nacionalmente, o maior incentivo para a paz.

Se os gastos com o que se chama de "inteligência" forem considerados como parte da defesa, veríamos que aproximadamente dois terços do dinheiro dos impostos norte-americanos vão para os generais. Isso naturalmente faz sobrar muito pouco para qualquer outra coisa, o que explica por que os EUA, em termos de infra-estrutura e de bem-estar de sua população, são a republiqueta das nações industrializadas, com 25% de suas crianças vivendo na pobreza, o pior sistema educacional, o pior transporte público, sem assistência médica pública, com as mais altas taxas de analfabetismo, mortalidade infantil e gravidez na adolescência, milhões de sem-teto e pequenas cidades que parecem ter acabado de enfrentar uma peste.

Como em muitas republiquetas, o governo é amplamente controlado pelos ricos. Isso vem aumentando, cada vez mais, desde a ascensão da televisão no domínio da política norte-americana. Precisa-se, atualmente, de um grande montante de capital para que se possa veicular anúncios televisivos e ter a chance de ser eleito — um simples cargo no governo local pode custar 1 milhão de dólares, e a última campanha presidencial custou 1 bilhão —, e aqueles que conseguem ser eleitos têm, então, de gastar a maior parte do seu mandato arrecadando fundos para a reeleição. Nem se precisa dizer que esses fundos provêm de pessoas ou de corporações endinheiradas que, obviamente, querem algum retorno. (A política norte-americana mudaria totalmente, da noite para o dia, se os anúncios de campanha na televisão fossem proibidos, como acontece na maior parte do mundo. Mas isso depende necessariamente de que o próprio sistema escolha, de forma voluntária, a autodestruição.)

Não obstante, antes da Era Bush, havia sempre o pressuposto de que algumas coisas, para o bem do povo, deveriam ser feitas; afinal de contas, é o povo quem decide as eleições: em parte, porque esses votos seriam novamente necessários no futuro, e, em parte, porque os funcionários do governo não eleitos costumavam vir das fileiras dos servidores públicos, que, afinal de contas, tinham decidido dedicar suas vidas a serviço dos cidadãos. As republiquetas ou amadurecem ou apodrecem, dependendo da ocasião, mas esta equipe da Casa Branca é algo totalmente novo. A maioria deles, depois de ter trabalhado para Bush Pai, ocupou, durante os anos Clinton, cargos executivos nas indústrias farmacêuticas, petrolíferas ou de energia. O chefe da equipe foi o principal lobista da indústria automobilística, em Washington, contra os controles de poluição, e Condoleezza Rice

— a princesa guerreira Xena da equipe — foi até homenageada com um navio-petroleiro batizado com o seu nome. Apenas no ano 2000, um ano antes de fazer parte dos conselhos fiscais de suas empresas, quase todos eles — inclusive Colin Powell — faturaram de 20 a 40 milhões de dólares. A maioria tem um patrimônio de pelo menos 100 milhões de dólares e alguns têm muito mais. Levando-se em consideração que Bush não foi nem eleito, sua equipe é o exemplo perfeito de um ataque corporativo hostil ao governo dos EUA.

Vamos agora penetrar na mente de George W. Bush. Sua ignorância a respeito de quase tudo no mundo beira a patologia. É praticamente impossível imaginar que um homem rico, vindo de uma família antiga e distinta da Nova Inglaterra, educado em Andover, Yale e Harvard, não tenha nunca pensado em visitar Paris e, este ano, durante sua primeira visita a esta cidade, tenha declarado: "Jacques [Chirac] me diz que a comida aqui é fantástica, e é isto o que pretendo descobrir." A pessoa com quem ele mais se parece é Osama bin Laden: ambos são filhos dissolutos de famílias ricas; ambos foram chamados por um Deus Único (que parece Se contradizer); ambos afastaram-se do mundo, um numa caverna e o outro num rancho no meio de lugar nenhum; um não lê livro nenhum, e o outro, presumivelmente, só lê um livro. É de surpreender que suas famílias sejam amigas e parceiras de negócios? [Logo após o 11 de Setembro, o único avião não-militar autorizado a levantar vôo foi um jato fretado que deixou o aeroporto Logan, em Boston — o mesmo dos seqüestradores —, levando oitenta membros da família Bin Laden de volta para a Arábia Saudita. Alguém inclinado a maquinações pode se perguntar como isso foi organizado tão rápido e antes que as identidades, sem contar as alianças, dos seqüestradores fossem conhecidas. A relação com Osama foi aventada apenas nos dias posteriores e só confirmada, parcialmente, meses depois.] Bush passou a vida inteira num mundo tão provinciano quanto o da dinastia saudita (é, evidentemente, um mundo no qual a França nunca é mencionada): um pequeno círculo de milionários texanos da indústria de energia e de petróleo que o salvaram de seus desastres financeiros, várias vezes, porque ele era um cara legal, filho do presidente e um deles.

Como nas famílias aristocráticas, ele acredita, assim como o seu pai acreditou, que ele e a sua equipe sabem o que é melhor para o país e o mundo e que não devem gastar seu tempo com as opiniões cansativas dos outros. Quando tiveram de formular uma política de energia para o governo, reuniram um grupo de executivos do setor, sem se preocupar em incluir nem mesmo um único ambientalista, ou defensor dos direitos dos consumidores, ou representante dos trabalhadores; e ainda se recusaram a divulgar o que foi discutido. Quando organizaram, recentemente, uma conferência para discutir a crise econômica, apenas grandes contribuintes do Partido Republicano e homens de negócios republicanos de cidades pequenas foram convidados. A equipe da Casa Branca acredita em uma espécie de governo secreto, cujo epítome são os estranhos desaparecimentos do vice-presidente Cheney/Dr. Mabuse — supostamente para protegê-lo dos terroristas, muito embora o porta-voz da equipe, Bush, freqüentemente apareça em público — que sempre dão margem a especulações de que talvez ele esteja morto, até o momento em que ele (ou um dublê) aparece miraculosamente na televisão outra vez. Isso explica por que não dão a mínima importância se o resto do mundo — inclusive os seus próprios generais — se opõe à invasão do Iraque. Eles sabem que os homens fazem aquilo que têm de fazer. Na mesa de Rumsfeld há uma placa com a seguinte frase de Theodore Roosevelt, aquele caçador de grandes animais e de pequenos países: "O combate agressivo pelo direito é o esporte mais nobre que pode existir no mundo."

Se você examinar o interior da mente de Bush, encontrará um grande poço de petróleo. É difícil entendê-lo — especialmente quando abre a boca —, mas fica muito mais fácil quando você entende que ele vê o mundo inteiro unicamente a partir da exploração e do consumo de petróleo. Muito antes do 11 de Setembro, ele já discutia a derrubada dos talibãs para que a Unocal pudesse construir um oleoduto do Cazaquistão ao Paquistão, passando pelo Afeganistão. [Zalmay Khalilzad, atual ministro plenipotenciário dos EUA no Afeganistão — cargo equivalente ao de embaixador —, foi consultor chefe da Unocal no projeto do oleoduto. O suposto presidente do Afeganistão, Hamid Karzai, é um ex-executivo da Unocal.] O único país no hemisfério ocidental que tem atraído a atenção de Bush é a Venezuela, rica em petróleo e onde ele tentou derrubar o presidente Hugo Chavez. Bush não tem nenhum interesse na Palestina nem em Israel, porque na região não há petróleo. A Líbia curiosamente não faz parte do Eixo do Mal, porque Kadafi fez acordos com as companhias de petróleo. A Europa é um incômodo insignificante que não tem nem petróleo; a Rússia tem e Bush disse que quando olhou bem fundo nos olhos de Putin viu que ele era um homem bom. O regime totalitário da Arábia Saudita é nosso amigo, devido ao petróleo que jorra abundantemente; o regime iraquiano, também totalitário, é nosso inimigo, pois o petróleo não está jorrando como deveria.

Mas se você examinar o âmago de George W. Bush, verá que há algo mais, alguma coisa de aparência tão hiperbólica, que cheira tanto aos antigos clichês da propaganda comunista, que é quase inacreditável. E, ainda assim, as evidências do seu mandato enquanto governador do Texas e as evidências diárias de sua presidência provam que é verdade. Depois que se consegue abstrair a retórica que é passada a Bush para que ele a leia em voz alta, fica claro que ele acredita que o seu papel, o seu único papel, como presidente dos Estados Unidos da América, é ajudar seus amigos mais próximos.

Quando era governador, Bush se apropriou de inúmeras operações e fundos públicos, eliminou os comitês de fiscalização pública e simplesmente entregou o dinheiro ou o trabalho nas mãos dos seus companheiros de golfe; algumas leis, inclusive, foram mudadas com a intenção única de beneficiá-los. Agora que é presidente, sua equipe de governo renovou todos os funcionários do nível intermediário da burocracia — justamente os que administram a execução das novas leis —, e estes, por sua vez, passaram a reescrever diversas normas e regulamentos, não com o propósito geral de beneficiar as grandes empresas, como era de se esperar, mas com o intuito específico de dar uma mãozinha às indústrias de petróleo, energia, mineração, às madeireiras e às farmacêuticas administradas pela patota de Bush. Todos os dias, nas páginas internas dos jornais, aparecem novas histórias que desafiam nossa credulidade. Citarei apenas duas: sem dúvida instigado por Rumsfeld, um antigo presidente de uma corporação farmacêutica, a equipe de governo aboliu a lei que exige, das empresas do ramo, realizar testes específicos para os remédios que serão prescritos para crianças — por que deveriam gastar todo esse dinheiro? E, apenas poucos dias depois de a imprensa divulgar que houvera inúmeras "irregularidades" contábeis, similares às da Enron, na Halliburton Corporation, durante o período em que Cheney a presidiu — em uma administração tão ruim que lhe pagaram 45 milhões de dólares para que deixasse o cargo —, a Casa Branca anunciou que o projeto de 1,5 bilhão de dólares para expandir e manter a prisão da baía de Guantánamo (na expectativa da chegada de mais camponeses afegãos, que ficarão presos, sem julgamento, para sempre) seria concedido a uma divisão da Halliburton Corporation. Teríamos de voltar ao século XIX para podermos encontrar um nível tão escancarado de corrupção na Casa Branca como este.

Depois do 11 de Setembro, muitos intelectuais e muitas pessoas no exterior comemoraram o ataque, privada ou publicamente — é claro que sempre depois de alguma comoção perfunctória pelas vidas perdidas —, como um golpe humilhante contra o império americano; um revide, mais do que justo, pelas muitas décadas de agressão e hegemonia norte-americanas. Depois de um ano, vale a pena relembrar os fatos concretos das conseqüências daquele dia fatídico.

Devido ao fato de o atentado ter acontecido de manhã bem cedo, as quase 3 mil pessoas que morreram faziam parte, na sua grande maioria, de três grupos: primeiro, o das pessoas pobres — a maioria destas negras, hispânicas ou imigrantes recentes —, que trabalhavam, nas torres e nos prédios adjacentes, como zeladores, auxiliares de serviços gerais, entregadores de comida etc.; segundo, o dos funcionários de escritório de baixo escalão (secretárias, gerentes-juniores e vendedores), que costumam chegar ao trabalho antes de seus chefes; e terceiro, o dos bombeiros, policiais e demais equipes de socorro. Poucos titãs do capitalismo ou pessoas realmente poderosas morreram naquele dia.

A devastação da área de negócios do centro da cidade e o subseqüente colapso da indústria de turismo levaram 100 mil pessoas, pelo menos, em sua maioria pobres, à perda de seus empregos.

Prisões e deportações efetuadas na clandestinidade destruíram as vidas de alguns milhares de muçulmanos e suas famílias — não ficou provada a participação de nenhum deles nos episódios dos seqüestros — e trouxeram medo permanente a centenas de milhares de outros.

A imigração para os EUA praticamente parou, causando o conseqüente sofrimento de incontáveis famílias divididas e de milhões de pessoas em países do Terceiro Mundo que dependem do dinheiro ganho por seus parentes nos EUA. Dentre tantos outros casos específicos, 100 mil estudantes mexicanos e canadenses, que haviam sido aceitos por universidades e faculdades norte-americanas, não puderam mais assistir a suas aulas. Para os mexicanos, principalmente, esta educação era a chance de um emprego de bom nível no futuro.

No Afeganistão milhares de inocentes morreram e dezenas de milhares estão desabrigados. Falta ainda estimar o número de mortos no Iraque ou em qualquer outro alvo potencial.

George W. Bush, um tolo no dia 10 de setembro, transformou-se num líder poderoso e popular. Ele e sua equipe fazem parte do governo norte-americano mais assustador, no âmbito global, da atualidade — são muito mais assustadores do que os governos Nixon ou Reagan —, e agora podem fazer o que quiserem. No que não se configurou, nem de longe, um abalo para o império, o ataque ao World Trade Center gerou um dos governos mais agressivos e arrogantes de toda a história norte-americana, uma administração que já demonstrou sua impaciência com, ou repugnância por, alguns dos fundamentos da democracia norte-americana, como liberdade de expressão, eleições livres e abertas no país e no exterior, observância dos procedimentos legais e separação entre Igreja e Estado. Suas ações terão incontáveis ramificações, extensas ou não, por todo o mundo, da aceleração do aquecimento global ao fim de programas de controle de natalidade no Terceiro Mundo.

Para a equipe da Casa Branca, os aviões seqüestrados foram uma bênção dos céus.

Alguns dias atrás, um homem que estava na lista dos mortos do 11 de Setembro foi descoberto em um hospital psiquiátrico, com amnésia total e sem ter a menor idéia do que acontecera com ele e do que tem acontecido desde então. No mesmo dia, George W. Bush disse a um entrevistador qual foi a "coisa mais triste" de sua presidência: agora ele só tem tempo para correr 4 quilômetros por dia.

NOVA YORK: DEZESSEIS MESES DEPOIS

[11 de janeiro de 2003]

O futuro do espaço vazio onde ficava o World Trade Center será debatido durante anos, a partir de propostas fantásticas ou abomináveis de jardins suspensos ou lagos cobertos ou fortalezas com a forma de jogos-da-velha. Mas, no momento, a única coisa certa é o destino das próprias torres. Os restos de aço serão embarcados do aterro de Fresh Kills, em Staten Island, para o estaleiro Grumman, no distrito de Trent Lott, em Pascagoula, Mississippi. Lá, o metal será derretido e transformado no *New York*, uma moderníssima embarcação anfíbia de assalto, de 800 milhões de dólares. Nos Estados Unidos de Bush, todas as relhas de arado devem ser transformadas em espadas.

Guerra e mais guerra e mais guerra. Cento e cinqüenta mil soldados estão amontoados nos arredores do Iraque, entre os quais muitos reservistas arrancados de suas vidas normais e preparados para o que o Pentágono já está chamando de o "maior assalto com bombas de precisão de toda a história", a ser seguido por uma invasão que, segundo as estimativas da Organização das Nações Unidas, causará 500 mil baixas. Há soldados ou "conselheiros" norte-americanos na Índia, Paquistão, Uzbequistão, Quirguistão, Geórgia,

Filipinas, Colômbia etc. e especulações de que o Iraque será meramente uma parada no caminho rumo ao Irã.

As operações militares no Afeganistão continuam a um custo de 1 bilhão de dólares por mês — em contraste com os 25 milhões mensais que os EUA estão gastando por lá com ajuda humanitária, a maior parte deste dinheiro sendo gasta com a manutenção de escritórios e pessoal, ou então escoando pelos ralos da corrupção local. Forças especiais com capacetes e armaduras ainda se movem como *robôs* por vilarejos, passando por centenas de milhares de camponeses desalojados que tentam sobreviver ao inverno.

Este ano, o orçamento do Pentágono será aumentado em aproximadamente 38 bilhões de dólares, chegando a um total próximo de 400 bilhões. Este aumento por si só é praticamente igual ao orçamento total do segundo maior país em termos de gastos militares: a China. Enquanto isso, milhões de norte-americanos perderam os seus empregos ou tiveram os salários largamente reduzidos. Existem escolas, espalhadas pelo país, que encerrarão o ano letivo com um mês de antecedência devido a cortes orçamentários, o que constitui mais um apoio à teoria de que os republicanos nunca destinam verbas para a educação, com o intuito de manter os eleitores ignorantes para que possam votar em candidatos do Partido Republicano.

Tudo se resume à guerra, fala-se de guerra, ao passo que a verdadeira guerra, aquela que foi declarada — a Guerra contra o Terrorismo —, é um fracasso total. Não poderia ser de outra forma: não se pode, por definição, travar, militarmente (e não metaforicamente), uma guerra contra o terrorismo, visto que os próprios terroristas não estão lutando uma guerra. Guerras são travadas para se coagir um inimigo a aceitar as políticas ou a soberania de outrem. Mesmo quando envolvem o extermínio maciço de civis — como tem sido cada vez mais o caso desde a Primeira Guerra Mundial — não são terrorismo. (A explosão de um homem-bomba palestino, por mais repulsiva que seja, é o ato de um combatente civil numa luta por independência.) O terrorismo é praticado por pequenos grupos clandestinos e independentes — gêmeos perversos das ONGs — como uma tentativa de persuadir pessoas com objetivos semelhantes a aderir à causa, seja física ou intelectualmente. O massacre no World Trade Center foi, com relação aos Estados Unidos, um meio sem uma finalidade: de maneira nenhuma os EUA poderiam admitir uma "derrota"; a única "vitória" possível para a al-Qaeda foi uma reação complacente vinda de dentro do mundo muçulmano.

Em uma deliberada confusão entre convidado e anfitrião, na busca por vingança, os militares dos EUA derrubaram, com facilidade, um regime talibã praticamente desarmado, deixando vastas áreas do país nas mãos dos "senhores da guerra" e restaurando, parcialmente, as liberdades (música e televisão, homens barbeados, mulheres sem burcas e meninas nas escolas) que os afegãos desfrutavam durante a opressiva ocupação soviética, contra a qual os EUA, através de seus representantes fundamentalistas, o Talibã, lutaram por tanto tempo. [A liberdade, no entanto, pára por aí: há apenas alguns dias, um cartunista político foi preso por satirizar levemente o presidente Karzai.] O país está em ruínas, mas o oleoduto partindo do Cazaquistão tornou-se, agora, uma realidade, e suas plantas já estão traçadas, satisfazendo um antigo sonho de Bush e de sua turma. Como disse Dick Cheney em 1998, quando era presidente da Halliburton: "Não consigo me lembrar de nenhuma época durante a qual tivemos uma região que emergiu para se tornar estrategicamente tão importante quanto a do mar Cáspio. É quase como se as oportunidades surgissem da noite para o dia. O bom Deus não se importou em colocar petróleo e gás apenas onde existissem regimes democraticamente eleitos e amigos dos Estados Unidos. Em certas ocasiões, temos de operar em lugares onde, levando-se tudo em conta, ninguém normalmente escolheria ir. Mas nós vamos aonde os negócios estão."

A Guerra contra o Terrorismo tem sido ótima para os negócios, mas ainda não conseguiu fazer nada de ruim contra os terroristas. Com uma única possível exceção (um egípcio responsável por planejamento estratégico), nem um único membro importante da al-Qaeda foi capturado ou morto. George W. Bush já não menciona mais o nome "Osama bin Laden" há uns seis ou oito meses, e não é de espantar: ele pode pensar que é o Wyatt Earp, mas aqueles malfeitores dos irmãos Clanton não estão jogando segundo as regras e também nunca apareceram no Curral O.K. Então, tudo o que Bush pode fazer é atirar em qualquer um que tenha cara de mau.

No fim das contas, a al-Qaeda — extraída toda a propaganda — parece um grupo de, no máximo, algumas centenas de fanáticos de classe média instruídos que arquitetam ações terroristas, em sua maioria na África, a um ritmo de uma a cada 18 meses. Eles também administram campos, no Afeganistão, para milhares de jovens camponeses, atraídos para *jihads* locais, incluindo 5 mil treinados pelo serviço secreto paquistanês para incursões na Caxemira e mais 3 mil uzbeques que tentam derrubar a ditadura no Uzbequistão (que recebe centenas de milhões de dólares dos EUA em ajuda militar). São estes camponeses estrangeiros e afegãos, mais alguns soldados talibãs a pé e alguns *jihadis*, que a equipe de Bush rotulou de "terroristas da al-Qaeda" e deixou na base militar da baía de Guantánamo para apodrecer (em celas, por um acaso idênticas àquela na qual o poeta Ezra Pound foi posto em Pisa, no ano de 1945). A al-Qaeda, como provam os recentes atentados no Quênia, continua como antes. Expulsa do Afeganistão, só está menos visível agora.

Existe realmente uma "célula adormecida" maligna nos Estados Unidos, mas não aquela que habita a imaginação apocalíptica do secretário de Justiça John Ashcroft. Ela foi formada nos anos 1970, durante o governo Ford, por Donald Rumsfeld, na época, assim como hoje, secretário de Defesa, e por seu discípulo mais novo, Dick Cheney, que Rumsfeld conseguiu indicar como chefe de Estado-Maior da Casa Branca. Durante os anos Reagan eles recrutaram jovens extremistas ideológicos, como: Paul Wolfowitz, Richard Perle, Eliott Abrams e Zalmay Khalizad. Em 1992, último ano do governo de Bush Pai, convencidos, como todos, de que Bush seria reeleito e esperando por um expurgo, no segundo mandato, dos defensores do multilateralismo que rodeavam o presidente, lançaram o seu primeiro manifesto secreto: "Defense Planning Guidance for the Fiscal Years 1994-1999" ["Guia para o planejamento da defesa para os anos fiscais 1994-1999"], escrito por Wolfowitz e Khalizad, sob a direção do então secretário de Defesa Cheney.

De acordo com o seu "Guia", com o colapso da União Soviética, o "primeiro objetivo dos Estados Unidos era, agora, "prevenir a reemergência [*sic*] de um novo rival":

"Os EUA devem demonstrar a liderança necessária para estabelecer e proteger uma nova ordem que mantenha a promessa de convencer os potenciais competidores de que eles não precisam aspirar a um papel maior."

"Devemos 'desencorajar' as 'nações industrializadas avançadas' de 'desafiar a nossa liderança'."

Devemos manter os mecanismos para dissuasão dos potenciais competidores de sequer aspirarem a um papel regional ou global maior."

"Manteremos a responsabilidade preeminente para lidarmos [...] com esses erros que ameaçam nossos interesses [...] Diversos tipos de interesses norte-americanos podem estar envolvidos neste caso: acesso a matérias-primas vitais, primariamente o petróleo do Golfo Pérsico; a proliferação de armas de destruição em massa e mísseis balísticos, ameaças terroristas a cidadãos norte-americanos [...]"

O relatório, que não mencionou nenhum aliado nesses esforços globais, foi um embaraço para Bush Pai e para seus conselheiros que recomendavam um resultado consensual e foi rapidamente suprimido depois que vazou para o *New York Times*. E então Bush foi derrotado por Clinton e a "célula" se escondeu nos conselhos das grandes empresas e das fundações e centros de estudos de direita.

Em 1997, "estarrecidos pelas políticas incoerentes do governo Clinton", eles formaram um grupo chamado de Project for the New American Century (PNAC) [Projeto para o novo século norte-americano], "para defender a causa e cerrar fileiras em apoio à liderança global norte-americana" e restaurar o "poderio militar e a clareza moral". Sua primeira declaração foi assinada por, dentre outros, Rumsfeld, Cheney, Wolfowitz, Khalizad, Lewis Libby e Jeb Bush (na ocasião o aparente herdeiro), junto com imãs do conservadorismo como Francis Fukuyama, William Bennett e Norman Podhoretz.

Em setembro de 2000 — quando a eleição de Gore parecia certa —, o PNAC produziu o que ficou conhecido como o código de Hamurabi do governo Bush Filho: "Rebuilding America's Defenses: Strategies, Forces And Resources For a New Century" ["Reconstruindo as defesas norte-americanas: estratégias, forças e recursos para um novo século"]. O documento, que é interminável, fala abertamente de uma *Pax Americana*: expandindo as atuais bases militares norte-americanas no exterior e construindo bases novas no Oriente Médio, sudeste europeu, América Latina e sudeste asiático. Despreza a Organização das Nações Unidas. Recomenda "ataques preventivos" e menciona especificamente os seguintes países: Iraque, Irã e Coréia do Norte. Sugere que para lutar com esses países precisaremos usar pequenas ogivas nucleares para se poder destruir "casamatas subterrâneas muito profundas". (Armas desse tipo, chamadas de Penetradores Terrestres Nucleares Robustos, estão sendo atualmente desenvolvidas.) Fala sobre lutar e "vencer, simultânea e decisivamente, importantes teatros de operações". (O que explica a atual obsessão de Rumsfeld em atacar o Iraque e a Coréia do Norte ao mesmo tempo.) É a origem daquela estranha expressão alemã, "segurança da pátria". Advoga, como já foi feito, que o país denuncie o Tratado de Mísseis Antibalísticos, assim como todos os outros tratados internacionais de defesa — já que na *Pax Americana* não precisaremos deles. Recomenda aumentar os gastos militares para 3,8% do Produto Interno Bruto (o exato montante que está no orçamento de 2003). Fala não apenas sobre o controle do espaço sideral com o projeto Guerra nas Estrelas, mas também de se controlar o ciberespaço, combatendo "inimigos" (estrangeiros ou domésticos?) na internet. Em um dos seus muitos quadros se lê:

	GUERRA FRIA	SÉCULO XXI
Sistema de segurança	Bipolar	Unipolar
Objetivo estratégico	Conter a União Soviética	Preservar a *Pax Americana*
Principal(ais) missão(ões) militar(es)	Impedir a expansão soviética	Garantir a segurança e expandir zonas de paz democrática; impedir a ascensão de novas superpotências rivais; defender regiões-chave; explorar as mudanças na guerra
Principal(ais) ameaça(s) militar(es)	Potencial guerra global em muitos teatros de operações	Potenciais teatros de operações espalhados por todo o globo
Foco de competição estratégica	Europa	Leste asiático

Em resumo, os EUA são os "principais garantidores da ordem da segurança global". Aliados são desnecessários; a opinião mundial é irrelevante; competidores potenciais devem ser esmagados o quanto antes. E, no momento mais sinistro no relatório, imagina-se "algum evento catastrófico", algum "novo Pearl Harbor", que será o catalisador para que os EUA possam lançar decisivamente a sua nova *Pax*. (Não é de se admirar que, em 12 de setembro de 2001, Donald Rumsfeld tenha insistido que invadíssemos imediatamente o Iraque e, logo depois, Condoleezza Rice tenha convocado os membros seniores do Conselho de Segurança Nacional para pedir-lhes para "pensar sobre 'como se poderia aproveitar estas oportunidades?'.")

A célula adormecida despertou. Depois de planejar com sucesso um golpe de Estado judicial para instalar o seu genial testa-de-ferro como presidente, eles agora controlam o governo dos EUA. Liderado por Cheney e Rumsfeld, Wolfowitz é o secretário de Defesa adjunto, Khalizad é o embaixador junto ao Afeganistão, Libby é o chefe de pessoal de Cheney, Abrams (depois de ter sido desmoralizado no escândalo Irã-contras e depois de fazer campanha, durante anos, defendendo uma lei para obrigar que os Dez Mandamentos fossem afixados em todos prédios do governo) é atualmente conselheiro chefe da Casa Branca para o Oriente Médio. Meia dúzia de membros do PNAC ocupa postos importantes nos departamentos de Estado e de Defesa. O objetivo deles foi alegremente descrito por Condoleezza Rice (que acredita que Bush é "uma pessoa de tremendo intelecto"): "Em um governo republicano, a política externa norte-americana deve reenfocar o interesse nacional dos Estados Unidos. Não há nada errado em se fazer algo que beneficie toda a humanidade, mas isto é, num certo sentido, um efeito de segunda ordem." Richard Perle, presidente do Conselho de Política de Defesa, é mais honesto: "Isto é guerra total [...] se apenas deixarmos nossa visão do mundo ir adiante e a adotarmos totalmente, sem tentativas de montar alguma diplomacia engenhosa, mas apenas lutar uma guerra total, nossas crianças cantarão grandes canções sobre nós no futuro."

Com expedientes que causariam inveja a Ronald Reagan, a célula adormecida é exímia em manipular as novas formas de mídia de massa, em especial os noticiários hiperbólicos da televisão e os programas de debates no rádio. Ela começou oficialmente a invasão retórica do Iraque no dia 1 de setembro (de acordo com as palavras de Andrew Card, chefe de pessoal da Casa Branca, "não se lança um novo produto em agosto") e foi incansável em criar histórias assustadoras até as eleições para o Congresso em novembro. Relatórios intermináveis sobre as atrocidades cometidas por Saddam Hussein (algumas das quais, é claro, eram verdade) foram misturados com alegações de que, como coloca Rumsfeld, existem "provas incontestáveis" que ligam Saddam à al-Qaeda (nem uma única prova foi mostrada), que, por sua vez, foram misturadas com os alertas freqüentes de Ashcroft, do FBI e da CIA sobre novos "ataques espetaculares" da al-Qaeda, "que seguiriam o seguinte critério: alto valor simbólico, grande número de mortos, dano grave à economia norte-americana e enorme trauma psicológico".

É atordoante tentar acompanhar as notícias e se lembrar do que aconteceu no dia anterior — e é exatamente esta a intenção deles —, mas dois exemplos são suficientes. Em dezembro, poucos dias depois de o Iraque ter entregado à ONU uma lista de 12 mil páginas com os seus armamentos — numa ação que foi, a princípio, exigida pela Casa

Branca, depois ridicularizada quando o Iraque aquiesceu, e então suprimida parcialmente quando revelou os nomes de muitas empresas norte-americanas que tinham, por muito tempo, apoiado o Iraque —, a mídia foi subitamente inundada com a notícia de que o Iraque fornecera à al-Qaeda o gás asfixiante VX, que é um óleo inodoro e incolor que afeta o sistema nervoso e leva à morte em poucos minutos. Não é nem preciso dizer que esta história preenche todos os critérios de uma notícia bombástica: conexão entre o Iraque e a al-Qaeda, mortes horripilantes e ameaça terrorista. Alguns dias depois, alguns "oficiais superiores" anônimos e onipresentes diziam à CNN que não havia "absolutamente nenhuma informação" a este respeito, "nenhuma prova confirmada". É óbvio que a história toda surgiu, originalmente, no próprio governo, e depois seguiu o padrão clássico do que era chamado, durante a Guerra do Vietnã, de "desinformação": vaza-se uma informação falsa, espera-se até que ela atinja os efeitos esperados e então ela é negada, sabendo-se que as afirmações permanecem na memória coletiva por muito mais tempo que as negações.

Muito mais sério é o frenesi atual sobre a possibilidade de que o Iraque, de alguma maneira, espalhará varíola, seja entre os soldados norte-americanos durante a guerra que vem sendo planejada, seja no interior dos Estados Unidos, por meio de seus "delegados", os terroristas. Isso tem levado à produção maciça de vacinas contra a varíola — para deleite dos executivos da indústria farmacêutica que fazem parte do círculo íntimo de Bush —, a ambiciosos planos de se vacinar todo o país e aos previsíveis debates "éticos" na televisão sobre quem deverá ser vacinado primeiro.

O pânico da varíola é decorrente, em grande parte, das declarações de Judith Miller, uma repórter do *New York Times*, de que "fontes de informações" anônimas estariam "investigando" se uma cientista russa chamada Nelja Maltseva, do Instituto Russo de Preparações Virais, teria visitado Bagdá em 1990 e vendido para o Iraque um frasco com uma cepa de varíola que teria causado uma epidemia no Cazaquistão em 1972.

A Dra. Maltseva morreu dois anos atrás. Tanto sua filha quanto um assistente de laboratório alegam que ela visitou o Iraque uma só vez, em 1971, como parte de um esforço global para erradicação da varíola, e que sua última viagem ao exterior foi para a Finlândia, em 1982. Ademais, os russos sempre reivindicaram que a epidemia no Cazaquistão nunca aconteceu; foi apenas mais uma propaganda dos tempos da Guerra Fria.

Edward Said atacou Miller há alguns anos por sua "tese sobre o caráter militante detestável do mundo árabe". Dentre seus vários livros, ela é a co-autora de *Saddam Hussein and the Crisis in the Gulf* [Saddam Hussein e a crise no golfo] junto com Laurie Mylroie, autora do livro *Saddam Hussein's Unfinished War Against America* [A guerra inacabada de Saddam Hussein contra os Estados Unidos], que expõe a teoria de que Saddam orquestrou pessoalmente a explosão no World Trade Center em 1993 — uma teoria em que apenas Richard Perle parece acreditar ("brilhante e convincente").

Como quase todos da equipe da Casa Branca, Miller está associada a dois institutos de pesquisa direitistas, o American Enterprise Institute for Public Policy Research [Instituto americano para pesquisa de políticas públicas] (no último número da revista do Instituto foi publicado um artigo de Oriana Fallaci sobre a "superioridade moral da cultura ocidental") e o Middle East Forum [Fórum do Oriente Médio], que tem publicado os nomes dos professores universitários críticos a Bush em seu website. O Fórum é administrado por Daniel Pipes, que ficou famoso por seu comentário sobre a "imigração maciça de pessoas de pele mais escura que cozinham comidas exóticas e não mantêm padrões de higiene que poderiam ser considerados germânicos".

Em outras palavras, a histeria geral sobre a varíola e a possibilidade bem real de uma vacinação em massa, que estatisticamente resultará num número inevitável de mortes, tudo isso é inteiramente resultado de rumores sem fundamento divulgados por alguém com um objetivo bem claro.

Enquanto isso, no Pentágono, Rumsfeld já destinou 7 bilhões de dólares para a criação do Grupo de Operações Preventivas Proativas [em inglês, 2POG — Proactive Preemptive Operations Group], "uma superagência de informações para atividades de apoio" que reunirá a "CIA e as ações militares secretas de informação, combate e despiste". Juntamente com as fantasias de alta tecnologia que aparecem nas histórias em quadrinhos de espionagem (incluindo uma espécie de "etiquetagem" das roupas dos terroristas com amostras especiais de DNA sensíveis a raios *laser* emitidos por satélites), o componente "proativo" consiste em "levar a al-Qaeda a assumir operações para as quais está despreparada e, desta forma, expor seu pessoal". Ou seja, encorajar atos terroristas que provocarão uma reação norte-americana. Se isso parece inimaginável ou paranóico, vale a pena relembrar a Operação Northwoods, proposta a Kennedy pelo Pentágono alguns meses antes do seu assassinato. O plano era iniciar uma série de bombardeios, seqüestros e acidentes de avião que matassem cidadãos norte-americanos e gerasse um sentimento popular favorável à invasão de Cuba. (Kennedy — mesmo sendo "viciado" em James Bond — rejeitou a idéia.)

Em torno de outro desdobramento do Pentágono, a Agência de Pesquisa de Projetos de Defesa, criou-se o Information Awareness Office [Escritório de conscientização [*sic*] da informação], cuja missão é a "Total Conscientização das Informações" [em inglês, TIA — Total Information Awareness]. O Escritório é administrado pelo antigo almirante John Poindexter, que, em 1990, foi condenado por cinco acusações de traição por mentir ao Congresso no caso Irã-contras. A TIA, de acordo com Poindexter, criará "tecnologias de banco de dados semanticamente ricos, de grandíssima escala e facilmente implementáveis". Traduzindo, todo e qualquer registro de informação computadorizado, nos EUA, no qual o nome de algum indivíduo apareça, será copiado e analisado pelo Pentágono, ou seja: compras com cartão de crédito, empréstimos de bibliotecas, registros policiais, cobradores automáticos de pedágio, registros de matrícula em universidades, listas de membros ou sócios e assim por diante — assim como todos os *e-mails* e registros de navegação na internet. O escritório já recebeu 200 milhões de dólares para elaborar um programa piloto. Acima da porta do escritório de Poindexter está gravada a divisa "Scientia Est Potentia", saber é poder. (Presumivelmente, George Bush é a exceção que confirma a regra.)

A célula adormecida acordou e não há nada que possa pará-los agora. O Partido Democrático, temendo ser chamado de "antipatriótico" pelos republicanos, entrou em hibernação. Os restos maltrapilhos da esquerda estão — como a esquerda sempre esteve — mais preocupados em brigar entre si. Com algumas poucas exceções individuais, não há quase nenhuma oposição na grande mídia. (Poderosos artigos anti-Bush, escritos por pessoas como Gore Vidal, Harold Pinter e John Berger, entre outros, são publicados na Inglaterra, mas não por aqui.) O único fórum para críticas é a internet, que, apesar de ainda ser livre, permanece como o ponto que ainda precisa ser tratado (abertamente?), no programa do PNAC, pela equipe de Bush. Enquanto adentramos o *Anno* III do reinado de Bush II, a raiva se transforma em resignação sombria.

Talvez o problema seja não existirem palavras que possam descrever o governo atual. Todos os termos pejorativos que poderiam ser empregados — "fomentadores de guerras", "imperialistas", "corruptos", "sanguinários", "fanáticos" e "criminosos" —, apesar de exatos, já perderam o significado, depois de décadas de propaganda. São tão banais quanto a retórica dos institutos de pesquisa direitistas. Não surpreende que os escritores norte-americanos estejam, em geral, silenciosos ou patéticos ("o 11 de Setembro lembrou-me o dia em que meu pai morreu") com relação a tudo o que tenha acontecido nesses últimos dois anos. Já não temos mais nem palavras para pensar sobre o que está acontecendo, sobre a violência que não é "só como num filme", sobre pessoas como Cheney, Rumsfeld, Perle, Wolfowitz, Rice, Ashcroft e Bush, que não são Pol Pots, Stalins ou Hitlers. São menos malignos do que estes três, mas, ainda assim, são malignos. Começar a falar sobre eles é reviver o antigo pesadelo de gritar sem fazer nenhum barulho.

ONDE FICA O OCIDENTE?*

[14 de maio de 2003]

A única coisa certa sobre o Ocidente é que ele não fica no Oriente. Pelo menos em inglês — não sei se em alemão — é difícil dizer onde fica o Oriente. Se olharmos as disciplinas acadêmicas, descobriremos que a antiga Mesopotâmia ficava no Oriente Próximo, mas o Iraque está situado no Oriente Médio: quanto mais próximos no tempo chegamos, mais distantes, em termos geográficos, ficamos. A China e o Japão estão no Extremo Oriente, mas a Índia — a despeito de suas religiões orientais — não fica no Oriente; e sim no Sul da Ásia. Orientalismo é o nosso termo para os conceitos e preconceitos ocidentais sobre o Oriente, mas, dos dois estudos clássicos sobre o assunto, o de Edward Said é sobre o Oriente Médio e o de Raymond Schwab, sobre a Índia, e as conclusões de um não se aplicam ao outro. E está claro que, durante nossa própria época, a Guerra Fria criou um novo Oriente, no qual, segundo a perspectiva ocidental, não havia nenhuma diferença entre os alemães orientais e os norte-coreanos.

*Declaração lida no Volksbuhne durante o painel sobre "A Condição Pós-Atlântica", da conferência "O Projeto do Ocidente", em Berlim (outrora Berlim Oriental), na Alemanha.

A única coisa certa sobre o Oriente é que ele não fica no Ocidente. Mas é difícil dizer onde fica o Ocidente. De qualquer forma, ele é muito mais difícil de ser localizado do que o Oriente. É possível alegar que por 2 mil anos — digamos, de aproximadamente 500 a.C. a 1500 d.C. — havia um contínuo greco-romano-judaico-cristão-islâmico, uma civilização interligada, que se nutria mutuamente, ainda que estivesse constantemente guerreando entre si. Esta civilização permanecia, em geral, isolada e era completamente diferente dos impérios ou grandes estados, que lhe eram contemporâneos, nos Andes, América Central, China, Índia e África subsaariana. Esse talvez tenha sido o único período durante o qual a civilização ocidental realmente existiu. (E um tempo em que o lugar no qual estamos sentados agora não ficava nem no Ocidente, nem no Oriente, mas sim no Norte.)

Depois de 1492, o Ocidente ficou permanentemente mudado, primeiro em seu próprio território, com a exclusão do Islã, e depois com sua própria expansão colonialista por todo o resto do mundo, que resultou num conjunto de culturas híbridas, mais ou menos governadas por valores ocidentais, mas, mesmo assim, excluídas de qualquer idéia de Ocidente. Atualmente, as nações pós-coloniais da Ásia podem estar no Oriente, mas aquelas na América Latina ou África não estão no Ocidente. Na verdade, é difícil dizer onde elas estão, e o pior: mesmo estando no Atlântico, elas tendem a ser excluídas de quaisquer discussões sobre a condição atlântica ou pós-atlântica.

Em uma terra redonda, o Ocidente só pode ser uma direção, não um destino, e, mesmo assim, não está muito certo para onde leva essa direção. Tendo em mente apenas os últimos cinqüenta anos e apenas a Europa, se o comunismo era o Oriente, o que era, então, o Ocidente? Fascismo, democracia representativa, socialismo, semi-socialismo ou o capitalismo do *laissez-faire*? O que era mais ocidental, a Dinamarca ou a Espanha de Franco? Alguém pode, com maior critério, alegar que as duas nações mais fundamentalistas em sua adesão às idéias ocidentais — embora sejam idéias contraditórias — são a China de Mao Tsé-Tung e o Japão do pós-guerra.

Em outras palavras, a taxionomia sempre foi inútil — e ainda tenho de mencionar o problema do meu próprio pequeno *Heimat* [pátria], os EUA —, e havia a esperança de que o final da Guerra Fria trouxesse o fim da divisão, especialmente com o advento da migração em massa e das comunicações globais. Mas não foi este o caso. Um novo Oriente surgiu, em oposição ao qual, muitos, no Ocidente, tentam se definir; ironicamente, este é o antigo, não tão distante nem tão oriental assim, Oriente das nações islâmicas.

"Eles", estes novos/antigos orientais, de acordo com George W. Bush, "odeiam nossos valores e o nosso modo de vida." Mas aqueles valores ocidentais, como definidos e praticados pelo próprio Bush — ou, mais exatamente, pelas pessoas que dizem a Bush o que dizer ou fazer —, agora incluem o assassinato de pessoas inocentes, em países distantes, que não representam nenhuma ameaça real aos EUA;

militarismo nacionalista e uma estetização da violência; leis que dizem respeito apenas a membros de determinados grupos étnicos; prisões e deportações secretas, suspensão do direito a um aconselhamento legal e a um julgamento; pena de morte; associação de crítica à traição; compilação de dossiês governamentais sobre as vidas de cidadãos comuns; a inclusão, atualmente, de inúmeros registros de pessoas, potenciais terroristas, nos computadores de segurança dos aeroportos; um presidente que gosta de andar pomposo e empertigado vestindo uniformes militares e crê ter recebido uma missão divina; a proliferação de atividades religiosas, incluindo encontros diários de oração e grupos de estudos bíblicos, no governo de uma nação em que Igreja e Estado estão separados; uma maciça estocagem de equipamento militar, em detrimento de grande parte das políticas de bem-estar social; e uma corrupção desenfreada que enriquece, pessoalmente, aqueles mais próximos do círculo íntimo do presidente. Em poucas palavras, este novo "choque de civilizações" entre o Ocidente e o Oriente, como é chamado pelos conservadores, parece mais uma discussão fraternal entre dois gêmeos idênticos. [E, para aqueles que, como o vivaz especialista Bernard Lewis, vêem este choque como um entre islamismo e "modernidade", eu coloco a seguinte questão: em qual país, Iraque ou Estados Unidos, 77% das pessoas acreditam que anjos ainda visitam a Terra e 20% dizem que elas próprias já viram um? Em qual país 68% dizem que Satã é real, 20% que ele não é real e 12% não sabem? Assim que se desliga a MTV, a modernidade norte-americana começa a parecer-se com um mosteiro medieval.]

É bem óbvio que, com a ascensão de Bush e as guerras do Afeganistão e do Iraque, o Atlântico Norte nunca foi tão amplo — com exceção da pobre Inglaterra, que se tornou uma espécie de Ilha da Páscoa, distante do continente. A questão que se coloca é se isto é apenas um racha temporário, causado pela junta que não foi eleita e que agora governa os Estados Unidos, mas que será superado quando os EUA tiverem — se vivermos até lá — um outro governo, ou se esta junta é um perfeito exemplo das diferenças irreconciliáveis e permanentes entre os EUA e a Europa, no interior daquilo que já foi chamado de Ocidente.

Confesso que, como estrangeiro, tenho uma visão utópica da Europa. Parece-me que os dois critérios essenciais para se julgar o sucesso ou o fracasso de um governo são absoluta liberdade de expressão e a qualidade de vida do cidadão comum — ambas inseparáveis uma da outra. Por esses padrões, pode-se dizer que a maioria das nações da Europa Ocidental, no período do pós-guerra, criou a mais perfeita e ampla sociedade de estados em toda a história da humanidade. Nunca antes um trabalhador fabril esteve tão bem e, ao mesmo tempo, tão livre para poder dizer o quão ruim ainda estava.

A utopia — a despeito das inúmeras imperfeições nos seus detalhes, que parecem enormes para quem vive dentro dela, mas minúsculas para um observador externo — foi, é claro, consumada, dentre tantas outras coisas, graças a um sentido de comunidade (nacional, local e sindical), uma parafernália militar mínima e uma alta carga tributária para se manter a infra-estrutura e o bem-estar social, gerando uma próspera classe média, com apenas casos excepcionais de pobreza e riqueza extremas. É exatamente o oposto dos Estados Unidos, com o seu orçamento militar obsceno — aproximadamente dois terços de cada dólar em impostos — e a obstinada negligência do bem-estar social, causado pelo ensandecido culto norte-americano pelo indivíduo. (Em uma pesquisa recente, 20% da população julgaram estar entre os 1% mais ricos, e outros 20% acreditam que algum dia chegarão lá.) O resultado, como todos sabem, é que os EUA têm armas nucleares suficientes para destruir toda a Terra sete vezes seguidas e armas convencionais o bastante para lutar uma guerra perpétua; também possuem, dentre todas as nações tecnológicas, os piores níveis de educação, transporte e saúde públicos, legislação trabalhista, mortalidade infantil, alfabetização e desabrigados.

Para um estrangeiro, parece que a utopia européia está começando a se desintegrar, no exato momento em que se encontra à beira de seu maior triunfo. De um lado, a União Européia, que tem o potencial de servir como um modelo para várias partes do mundo e que — a despeito de todas as falhas em seu mecanismo — é uma comovente reunião de nações, no que fora outrora, por muitos séculos, talvez o lugar mais bárbaro e sangrento de toda a face da Terra.

Por outro lado, o sistema social quase perfeito começa a ser desmantelado em muitos países, principalmente em função do ressentimento com relação aos seus imigrantes ou à sua população não-branca. Estão restabelecendo o "reaganismo", que efetivamente transformou os EUA no país mais rico do Terceiro Mundo, mediante a crença de que era melhor acabar com serviços públicos do que oferecê-los àqueles considerados indignos de recebê-los. Este não é o lugar para se discutir imigração, mas gostaria de mencionar, de passagem, duas coisas. A União Européia só se tornou possível a partir do momento em que as populações dos países tornaram-se menos homogêneas; a consciência européia começa quando já não é mais possível definir os franceses, ou os alemães, ou os italianos. Em segundo lugar, falando como um escritor, a imigração tem representado uma tremenda força na revitalização das literaturas das línguas da Europa Ocidental: novas pessoas trazendo novas histórias, novas percepções e novas maneiras de expressá-las. E isto é verdade em todas as artes: do ponto de vista cultural, a imigração é a salvação da Europa.

Pode até ser, como alguns escreveram, que os EUA, no momento dos seus mais grandiosos sonhos imperialistas, estejam, na verdade, muito próximos do começo do fim de seu império. Como norte-americano, espero que a próxima geração viva em um mundo onde os EUA sejam apenas mais um país. Mas como um visionário, penso que isto deverá acontecer não através de algum tipo de antiamericanismo belicoso da parte do resto do mundo, mas sim como resultado da influência positiva de alguma forma de não-americanismo.

Como ficaria o mundo se a Europa simplesmente parasse de jogar o jogo norte-americano? Se a Europa, como o não-Estados Unidos, parasse de vender armas para o Terceiro Mundo e enviasse apenas ajuda humanitária? Se o Leste Europeu se recusasse a comprar toda aquela parafernália militar norte-americana que a Otan exige? (Ou ainda melhor: se a Europa, de uma vez por todas, expulsasse os EUA da Otan e a transformasse em uma força de paz pan-européia?) Se a Europa, como o não-Estados Unidos, promovesse, ativamente, a proteção do meio ambiente e dos direitos autorais em todo o mundo? Se a engenhosidade européia fosse direcionada para o desenvolvimento de fontes alternativas de energia que nos libertassem desta curta, amaldiçoada e sangrenta Idade do Petróleo? Se a Europa pusesse em ação, nas partes do globo que estão em guerra, suas habilidades diplomáticas e as discussões de paz não ficassem mais à mercê dos caprichos e dos lobistas norte-americanos?

Parece-me que a otimista consciência européia, especialmente entre os jovens, que nasceu com a criação da UE foi revitalizada pelo antiamericanismo, por sua percepção de como é diferente o mundo no qual vivem os europeus. Será uma grande oportunidade perdida se este sentimento não for além de um simples antiamericanismo, particularmente num momento em que, por pelo menos mais uma geração, ainda existirão muitos países que ou não confiam ou então realmente detestam os EUA.

George Bush disse — ele realmente disse isto — que "nós iremos exportar morte e violência para os quatro cantos do mundo, em defesa da nossa grande nação". Deve-se supor que, para o futuro próximo, os Estados Unidos serão a causa de guerras, agitações civis, exploração econômica e desastre ambiental. Este é o momento em que a Europa pode ser uma força contrária, ao exportar suas idéias e práticas de justiça e bem-estar social, de desarmamento, liberdade de expressão e cultura como fonte de orgulho nacional. Em uma conhecida citação, Gandhi disse que a civilização ocidental poderia ser uma boa idéia. Precisamos ir além da divisão leste-oeste e começar a pensar em uma civilização mundial, que também poderia ser uma boa idéia. Esta é uma longa estrada, mas me parece que, exatamente agora, o único lugar com a riqueza e a tecnologia a partir de onde esta estrada possa começar a ser construída é uma Europa multiétnica e unificada.

DOIS ANOS DEPOIS*

[11 de setembro de 2003]

O senhor poderia tecer algum comentário a respeito do segundo aniversário do ataque terrorista aos EUA e o começo deste período que tem afetado tanto todo o mundo?

Vivo no centro da cidade de Nova York e todo dia olho para o espaço vazio onde ficavam as Torres Gêmeas. Muitos de nós esperávamos que isso — o primeiro grande massacre em solo norte-americano desde a Guerra Civil dos anos 1860 — pudesse acarretar uma mudança profunda no modo como os norte-americanos percebem o mundo e a violência, dentre tantas outras coisas. Mas isso ainda não aconteceu.

O atentado deveria ter sido um impulso para a paz. Mas, em vez disso, a televisão transformou-o em uma "tragédia" apenas um pouco mais grave do que a morte da princesa Diana. Forneceu aos ideólogos radicais que fazem parte da junta de Bush uma carta-branca para se colocar em prática tudo aquilo que há anos eles vinham sonhando: a invasão do Afeganistão e do Iraque, a criação de uma *pax americana*

*Excertos de uma entrevista por *e-mail* com Igor Lasic do jornal *The Feral Tribune*, de Belgrado, na Croácia. Também foram acrescentadas algumas perguntas e respostas de entrevistas concedidas, na ocasião, aos jornais mexicanos *Reforma*, *La Jornada* e *El Financiero*.

imperial, o desligamento de tratados internacionais e o desmantelamento de inúmeras leis domésticas relacionadas à proteção ambiental, práticas justas de trabalho, direitos das mulheres e liberdades civis. Transformou as vítimas, em Nova York, em baixas de guerra. E, acima de tudo, muitos outros milhares de inocentes no Afeganistão e no Iraque estão agora mortos ou tiveram suas vidas arruinadas.

Vários indicadores mostram que a presidência de George W. Bush colocou em ação o que o senhor chama de a "célula adormecida" da extrema direita norte-americana. O senhor poderia comentar as alegações de que o atual governo não apenas tirou vantagem dos ataques terroristas, mas também os encorajou diretamente ou, pelo menos, não quis impedi-los?

O ataque ao World Trade Center foi a melhor coisa que poderia ter acontecido à equipe de Bush, mas não acredito em nenhuma das teorias conspiratórias que se tornaram tão populares mundialmente. Elas dependem de uma crença na onipotência das agências de inteligência norte-americanas. É difícil, para o resto do mundo, entender que essas agências são, na verdade, irremediavelmente ineptas: burocracias inchadas em um estado de paralisia. São claramente incapazes de colocar em prática, com sucesso, uma missão coordenada — o que, afinal de contas, o 11 de Setembro foi.

A assim chamada "guerra contra o terrorismo" norte-americana está se transformando em um problema global muito mais perigoso do que o próprio terrorismo.

A maioria das pessoas, agora, acredita que os EUA são a maior ameaça mundial à paz. Os sul-coreanos acreditam que os Estados Unidos são mais perigosos que a Coréia do Norte. Eles estão absolutamente certos. O terrorismo é uma atividade criminosa que deve ser tratada pela polícia e por ações da inteligência — como é feito na Europa Ocidental. O massacre militar de camponeses inocentes no Afeganistão não fez nada para parar com o terrorismo. A invasão e a ocupação do Iraque não têm nada a ver com terrorismo, como todos sabem, a despeito das alegações da equipe de Bush. Na verdade, para quem gosta de teorias conspiratórias, vale a pena salientar que Bush realizou dois dos objetivos originais de Osama bin Laden: a derrubada do governo secular de Saddam Hussein e a retirada dos soldados norte-americanos da Arábia Saudita. E a guerra contra o Iraque tem recrutado muito mais membros e simpatizantes para a al-Qaeda do que o 11 de Setembro. De maneira muito parecida com a Guerra Civil Espanhola, o Iraque se transformou em uma causa internacional, com muitos estrangeiros se alistando como voluntários para lutar. Pode-se até dizer que Bush se tornou um líder da al-Qaeda muito mais eficiente do que Osama.

Quando os EUA entraram na Segunda Guerra Mundial, tiveram um enorme apoio, tanto em casa quanto no exterior, e, depois da guerra, foi, durante décadas, um ideal democrático e cultural para todo o mundo. Desde a guerra no Iraque, a situação mudou completamente, e os Estados Unidos ganharam uma péssima reputação por todo o mundo, o que terá um efeito de longo alcance.

Não estou tão certo de que os EUA tenham sido um "ideal democrático" para a maior parte do mundo durante a Guerra do Vietnã e para os incontáveis países onde derrubou governos legítimos. Contudo, é bem verdade que o antiamericanismo nunca esteve tão forte. E com razão. Mas eu diria que no Ocidente, de maneira geral, e entre pessoas cosmopolitas nos países muçulmanos e do Terceiro Mundo, a distinção necessária é feita entre os Estados Unidos e o governo não-eleito que o governa atualmente. O antiamericanismo hoje em dia é, na verdade, antibushismo.

Trinta anos antes do atentado contra o World Trade Center, em 11 de setembro de 1973, Salvador Allende, que fora eleito legitimamente presidente do Chile, foi derrubado por Pinochet e sua junta militar, com o apoio dos EUA, ou mais precisamente, do governo do presidente Nixon. O senhor vê alguma conexão entre os dois eventos?

Apenas no sentido de que o 11 de setembro de 2001 tem profundas raízes nas décadas da Guerra Fria, que foi responsável pela derrubada de Allende. A al-Qaeda não teria existido se os EUA não tivessem apoiado a dinastia saudita e sua promoção do wahabismo, nas décadas de 1950 e 1960, como um baluarte contra os movimentos "socialistas" e nacionalistas no Oriente Médio e caso os EUA não tivessem armado e treinado os *mujahedins* afegãos contra a ocupação soviética.

Hoje, nos Estados Unidos, uma oposição de esquerda oficial ou uma alternativa formal democrática ao atual governo praticamente não existe — a oposição apenas se coloca um pouco menos à direita do que o governo de extrema direita —, ao passo que a vida política é rigidamente controlada. Na opinião do senhor, existe alguma possibilidade de mudança a curto prazo?

O Partido Democrático situa-se um pouco mais à direita de qualquer partido conservador europeu, e os republicanos, um pouco à esquerda de um partido de frente nacional. Eu, por exemplo, nunca votei "em" um candidato, só voto contra a pior alternativa. As campanhas são baseadas nos anúncios televisivos, que são extremamente caros. O dinheiro tem de vir de algum lugar e as pessoas que dão o dinheiro naturalmente esperam algum retorno. A política norte-americana mudaria da noite para o dia se, como em muitos países europeus, a propaganda na televisão fosse proibida. O outro problema é a própria capital, Washington, D.C. — uma espécie de Brasília, uma capital artificial isolada do restante do país. Os políticos norte-americanos vivem em um ambiente fechado cheio de burocratas e lobistas e nunca vêem os efeitos reais das leis que criam. Nós teríamos um governo bem diferente caso a capital fosse em Nova York ou Chicago, ou em algum outro lugar onde cidadãos comuns vivessem. Em poucas palavras, não creio que alguma coisa vá mudar.

Não obstante, existe uma forte oposição antiguerra nos EUA, principalmente fora das instituições tradicionais. Ela é ignorada pelo governo Bush, mas ele não consegue aboli-la.

Existe um número muito grande de pessoas insatisfeitas com o governo Bush e este número cresce a cada dia que passa, enquanto a economia piora e cidadãos norte-americanos continuam a morrer no desastre sem esperança que é a ocupação do Iraque. Até o momento, o principal fórum para este descontentamento tem sido a internet. Ultimamente, no entanto, os democratas estão se dando conta do fato de que há, realmente, muitas pessoas descontentes e que elas poderão votar nos democratas nas próximas eleições. Então, pela primeira vez, estamos ouvindo algumas críticas — ou, pelo menos, algum ceticismo — à política oficial. O extraordinário apoio a Howard Dean — a respeito de quem ninguém jamais ouvira falar, há alguns meses — é uma prova, não importa qual seja o resultado, de que pelo menos algumas pessoas estão ansiosas para terem de volta pelo menos alguma coisa que se assemelhe a um regime bipartidário. Mas as coisas mudam tão rapidamente com a amnésia instantânea e a histeria causada pelos meios de comunicação de massa que é impossível prever quanto tempo isto durará.

Até que ponto o público norte-americano está ciente do fato de que as guerras de George W. Bush não são apenas agressões e ocupações inescrupulosas, mas também um reflexo direto do capital que está se espalhando e firmando sua posição no mundo, visto que a economia norte-americana não consegue vencer as disputas por mercados de alguma outra forma?

Ah! É difícil subestimar a quase completa ignorância norte-americana com relação ao resto do mundo. Com exceção de certas tribos nômades nas florestas tropicais e nos desertos, não há mais sociedades isoladas na Terra. Vinte por cento dos alunos norte-americanos no ensino médio não conseguem localizar os EUA em um mapa-múndi. Trinta por cento não conseguem encontrar o oceano Pacífico, inclusive muitas pessoas que vivem na própria costa do Pacífico. Apenas 7% dos alunos universitários estudam alguma língua estrangeira. O número total de traduções de livros literários — ficção, poesia, peças de teatro, ensaios, crítica — publicados pelas editoras americanas, grandes e pequenas, anualmente, é 250. (A Unesco, ao comentar sobre o "isolamento" do mundo muçulmano, observou que, a cada ano, apenas trezentos livros são traduzidos para o árabe.)

Como o senhor explica o fato de que ainda não haja nenhuma prova oficial convincente das armas ilegais do regime de Saddam Hussein que serviram de justificativa para a guerra no Iraque?

Obviamente, nunca houve nenhuma arma de destruição em massa no Iraque — ao menos, desde a Guerra do Golfo. O Pentágono obteve toda a sua "inteligência" sobre as armas e sobre os sentimentos contra Saddam do pessoal de Ahmad Chalabi. Suspeito que Rumsfeld, Cheney, Wolfowitz e companhia sabiam que as WMDs,* a iminente capacidade nuclear e as ligações com a al-Qaeda eram puras mentiras. Mas o grande mistério é por que eles acreditaram — e penso que eles genuinamente acreditaram nisto — que Chalabi seria recebido pela população iraquiana como o seu grande libertador e seria facilmente instalado como um presidente fantoche. Ele chegou inclusive a prometer a eles um oleoduto até Israel! Isso, a despeito do fato de ele ser um autor de desfalque condenado que não estivera no país desde a adolescência e de ser considerado, pela CIA, um indivíduo de comportamento imprevisível e possível causa de transtornos. Ficou evidente, no dia em que finalmente chegou ao Iraque, que ele não tinha nenhum seguidor fora de Londres, se é que alguma vez teve algum.

*Abreviatura em inglês para "armas de destruição em massa" (*weapons of mass destruction*). (*N. do T.*)

Levando-se em conta que as explicações oficiais são falsas, como o senhor explica a invasão do Iraque? Foi tudo por causa do petróleo?

Bem, é claro que não tinha nada a ver com o 11 de Setembro ou com terrorismo. Acredito que se o 11 de Setembro não tivesse acontecido, os EUA teriam invadido o Iraque no inverno entre 2001 e 2002. Todos os planos já estavam prontos nas primeiras semanas do governo Bush. Mas acho que as razões para a invasão foram um "encadeamento" de fatores e não podem ser reduzidas a uma única causa, como o petróleo. Dentre estas causas estão: uma distração para as notícias econômicas desastrosas; medo do colapso da dinastia saudita e necessidade de se ter tanto uma nova fonte de petróleo no Oriente Médio quanto um lugar para as bases militares norte-americanas; as ambições claramente imperialistas dos ideólogos, ao redor de Bush, do Projeto para um Novo Século Americano (incluindo Rumsfeld, Cheney, Rice, Wolfowitz, Perle e tantos outros); uma reunião de forças, em nível nacional, forçando o presidente a garantir o sucesso do Partido Republicano nas eleições para o Congresso, em 2002, e para presidente, em 2004; a ameaça, a longo prazo, de o euro se tornar uma alternativa viável ao dólar; a possibilidade bem real de sanções da ONU contra Saddam serem levantadas (visto que ele não tinha WMDs) e de ele começar a vender seu petróleo em troca de euros; e, finalmente, o drama bem complexo da família Bush, segundo o qual o filho pródigo não só precisava provar seu valor para o pai, mas também ter sucesso onde o pai falhara: em eliminar Saddam.

O que o senhor pensa que acontecerá no Iraque?

O Iraque é um desastre, uma clássica situação de "atoleiro" que até Mahatma Gandhi, se fosse amanhã eleito presidente dos Estados Unidos, teria dificuldades em retirar os soldados. Desde a famosa manobra "Missão Cumprida" de Bush — o porta-aviões já se encontrava próximo da costa californiana e teve de fazer meia-volta para que o presidente pudesse pousar com seu pequeno jato —, mais soldados norte-americanos morreram do que durante a verdadeira "guerra" e continuam a morrer todos os dias. (A propósito, Bush é o primeiro presidente norte-americano a ficar se pavoneando em um uniforme militar. Nem mesmo Eisenhower, o herói de guerra, chegou a vestir seu uniforme enquanto era presidente. Quais líderes nacionais usam uniformes militares? Hitler, Stalin, Mussolini, Pinochet, Mobuto, Kadafi, Saddam, Fidel Castro...)

Entre outras coisas, os EUA foram incapazes de perceber que, em virtude das sanções, o Partido Baath transformara-se em um complexo sistema de clientelismo que não poderia ser desmantelado da noite para o dia — resultando agora em um total colapso de todos os aspectos da infraestrutura — e que, com exceção dos curdos, os únicos líderes políticos anti-Saddam, com uma base genuína de poder, são os imãs xiitas — precisamente quem eles não querem que administrem o país.

Os recentes atentados aos suprimentos de água do quartel-general da ONU e das mesquitas xiitas evidenciam que os norte-americanos provocaram uma guerra civil extremamente complicada, que eles não entendem e nunca estarão aptos para controlar. A guerra no Iraque apenas começou e é muito pior do que o Vietnã. Lá, ao menos, os norte-americanos tiveram alguém de quem perder.

Pouquíssimos intelectuais norte-americanos que se opõem abertamente a Bush aparecem nos meios de comunicação de massa. O senhor poderia explicar isso?

E há algum? É difícil para pessoas em outros países entenderem que os EUA não têm intelectuais públicos. Os poetas e os romancistas escrevem poemas e romances, os críticos aparecem nos periódicos e fóruns acadêmicos. Com raríssimas exceções, eles não publicam em jornais ou revistas de grande circulação, não aparecem na televisão e quase nunca são entrevistados. Esta é a situação normal: os EUA são o único país na Terra que nunca se orgulhou dos produtores de sua cultura. Talvez sejam o único país sem um ministro da Cultura. Então não é surpresa alguma que os meios de comunicação de massa estejam fechados para os intelectuais antiguerra. Não obstante, os escritores têm uma saída através da internet — a única fonte para as notícias e informações da oposição nos EUA —, mas seu sentido público está tão atrofiado que nem lhes ocorre que podem ter alguma coisa para dizer. Dez mil poetas escreveram poemas contra a guerra, mas não conheço nenhum que tenha escrito algum artigo ou ensaio.

É digno de nota que não tenha havido fotografias das pessoas mortas no World Trade Center, ao passo que fotografias dos filhos mortos de Saddam e de cadáveres dos talibãs afegãos tenham viajado ao redor do mundo. Como o senhor se sente com relação a este dúbio padrão moral?

Mais obscenos que as fotos dos filhos de Saddam foram os seus assassinos. Os EUA costumavam acreditar em levar os criminosos à justiça, como nos tribunais em Nuremberg, e não simplesmente assassiná-los. (E Bush tem dito freqüentemente que ele quer Saddam morto e não preso.) Mas esta pergunta não tem uma resposta simples. Os norte-americanos, diferentemente dos europeus, nunca viram as imagens das vítimas da guerra no Iraque, da mesma forma que as pessoas no Oriente Médio não viram as imagens das vítimas do ataque ao World Trade Center. De um lado, é uma violação da privacidade pessoal dos mortos e de suas famílias; de outro, uma demonstração cruel de que os resultados tangíveis da violência inserem alguma realidade no meio de tanta retórica.

Em que sentido a mídia mudou nos EUA desde o 11 de Setembro?

O presidente Mao nunca criou uma propaganda tão brilhante como a que é vista diariamente na televisão norte-americana. O resgate heróico da soldado Lynch, estuprada por seus captores, com o corpo crivado de feridas de balas e de punhaladas. (Bem, na verdade, ela sofrera um acidente de carro e gentis médicos iraquianos, treinados pelos EUA, tentaram levá-la de volta, mas sua ambulância foi recebida a tiros pelos soldados norte-americanos.) A derrubada da estátua de Saddam, emocionante e populista, foi repetida tantas vezes que mais parecia alguma montagem. (Bem, na verdade, um tanque norte-americano puxou-a para baixo, em uma praça fechada ao público, onde 150 partidários de Chalabi, que foram levados para lá de avião no dia anterior, haviam recebido ordens para comemorar, em frente às câmaras de TV.) Os terríveis laboratórios móveis de armas biológicas. (Bem, na verdade, eles eram usados para a confecção de balões atmosféricos.) E assim por diante.

Todas as notícias se reportam ao Grande Líder. Liguei, por acaso, no canal de TV CBS no dia da explosão do quartel-general da ONU, em Bagdá, e de um homem-bomba, em Jerusalém. O repórter do noticiário começou assim: "Apesar dos esforços do presidente para trazer a paz ao Oriente Médio, a violência agitou a região hoje."

Houve até um filme feito para a televisão sobre o heroísmo de Bush no 11 de Setembro, com Bush latindo, ridiculamente, ordens para Cheney e Rumsfeld (em vez de eles mandarem Bush "ir pegar") e ensinando "pluralismo e modernidade" para Condoleezza — se é que vocês conseguem acreditar nisso. Um ator representa Bush. Apenas um outro líder nacional encomendou filmes com atores interpretando-o: Stalin. Mas isto são os EUA e não a União Soviética: antes do 11 de Setembro, os atores que interpretavam o Comandante Supremo costumavam interpretar Bush como um completo idiota em algum programa de comédia satírico. Stalin jamais teria agüentado isso.

Bush foi citado dizendo: "Vocês sabem, eu tenho um problema com bebidas. Exatamente agora eu devia estar em algum bar no Texas e não no Salão Oval. Existe apenas uma razão para eu estar no Salão Oval e não num bar: eu encontrei a fé. Eu encontrei Deus. Eu estou aqui devido ao poder da oração."

A religião de Bush deveria ser um assunto pessoal. O que é assustador é que ele a trouxe para um governo fundamentado na separação entre Igreja e Estado. Um verdadeiro cristão como Jimmy Carter nunca inventou um encontro de orações ou grupo de estudos bíblicos nas mais diversas áreas de seu governo, nunca se referiu a Jesus em suas declarações oficiais, nunca delegou obrigações do governo para grupos missionários nem nunca insistiu que as restrições morais da direita cristã se tornassem leis para toda a nação e práticas no resto do mundo.

Mas quem pode conhecer a vontade de Deus? De acordo com seus testemunhos, Ele deu ordem a ambos: a Bush, para invadir o Iraque, e a Osama, para atacar as Torres Gêmeas. O que Ele estava pensando? E por que Ele não deixou Bush naquele bar? No próximo passo, Ele reduzirá todos nós a cinzas.

BUSH, O POETA

[9 de janeiro de 2004]

Em outubro de 2003, de volta de um passeio à Rússia e à França, à custa dos cofres públicos (no qual Chirac, aquele malandro, atrevidamente beijou suas mãos), Laura Bush, com George ao seu lado, inaugurou o Festival Nacional do Livro, em Washington:

> O presidente Bush é um excelente líder e marido, mas aposto que vocês não sabiam que ele também é um verdadeiro poeta. Ao voltar para casa de uma longa viagem, ontem à noite, encontrei um poema adorável esperando por mim. Normalmente eu não dividiria uma coisa tão íntima, mas já que estamos celebrando grandes escritores, não pude resistir.
>
> Querida Laura,
>
> Rosas são vermelhas,
> Violetas são azuis.
> Oh, meu rolinho na cama,
> Que falta me fazes tu.

Rosas são ainda mais vermelhas.
Mais triste fico eu,
Ao ver-te beijada
Por aquele charmoso francês.

O cachorro e o gato
Também sentiram tua falta,
Barney tão zangado por o teres largado,
Que até comeu teu sapato.

A distância, minha querida,
Foi tamanha barreira,
Da próxima vez que quiseres uma aventura,
Apenas desce num avião de carreira.*

Exegetas revelaram que o "rolinho na cama" é a expressão carinhosa usada pelo garoto George para se referir à sua esposa e, numa estranha tentativa de consertar seu erro *à la* Karl Rove, foi na verdade George, e não Laura, quem deixou cair o cachorro, quando foi cumprimentá-la na pista do aeroporto quando ela chegou de viagem. (Não se pode ter um presidente desastrado, que deixa cair tudo, com o botão nuclear.)

---

*No original em inglês: "Dear Laura, // Roses are red, / Violets are blue, / oh my lump in the bed, / How I've missed you. // Roses are redder, / Bluer am I, / Seeing you kissed / By that charming French guy. // The dogs and the cat, / They missed you too, / Barney's still mad you dropped him, / He ate your shoe. // The distance, my dear, / Has been such a barrier, / Next time you want an adventure, / Just land on a carrier." (*N. da E.*)

Está claro que a rima barreira/avião de carreira, na última estrofe, estava além da capacidade verbal do presidente e, na ocasião, eu escrevi: "Não é apenas mais uma história da estupidez de Bush. É evidente que o Pequeno George não escreveu nem mesmo esta banalidade, o que torna toda a cena ainda mais perversa."

Três meses mais tarde, em 28 de dezembro, Laura apareceu no programa *Meet the Press* [Encontro com a imprensa] do canal de televisão NBC:

> SR. RUSSERT: Livros e aprendizagem — Sra. Bush, a senhora é professora e bibliotecária. A senhora também ajudou a criar o Festival Nacional do Livro. E eu acredito que nós aqui tivemos a oportunidade de vê-la dirigindo-se a um grupo depois de ter voltado da Rússia e da França. E a senhora falou sobre alguém que eu não sabia que escreve poemas, mas vamos ouvir:
>
> [Videoteipe do discurso no Festival Nacional do Livro — cortando, de propósito, a primeira frase, na qual Laura especificamente atribui o poema a George.]
>
> SR. RUSSERT: Agora, quem pode ter escrito este poema, hein? Quer dizer, o que...
>
> SRA. BUSH: Bem, é claro que ele não escreveu o poema de verdade. Mas muitas pessoas realmente acreditaram que ele escreveu. Naquela noite, no jantar, uma mulher

do outro lado da mesa disse: "A senhora não sabe como é bom ter um marido que pode escrever um poema para a senhora."

A família Bush é famosa por seus piadistas. (Bush Pai gostava de apertar as mãos com uma campainha de brinquedo, e no seu primeiro dia no Salão Oval divertia os visitantes com uma calculadora que esguichava água.) Mas, neste caso, é difícil separar quem está rindo de quem. George gozando Laura — com a piada do submisso rolinho na cama, da garota que deixa o cachorro cair no chão e que se humilha, "contando" toda a história em público? Ou Laura rindo de George, o "verdadeiro poeta" — ao fazer-se de tola, em seu próprio meio, por alguma coisa que ela sabe que não foi ele que fez (mesmo se isso acaba por responsabilizá-la por algo que ela sabe que não fez)? Ou uma desconhecida terceira pessoa — levando Laura a acreditar que o poema é do George? Ou os dois, George e Laura, que riem da platéia — para enfatizar que, em um evento dedicado a "livros e aprendizagem", o presidente dos Estados Unidos, como um cara comum, tem muito pouco a ver com estas duas coisas? O âmago de uma outra alternativa é um escuro matagal.*

A patologia particular da família Bush — de todos eles, inclusive Laura, que, sem nenhuma razão, é considerada uma exceção — é que tudo o que dizem ou fazem, não importa

*Jogo de palavras intraduzível em português entre o sobrenome Bush e a palavra inglesa *bush*, que significa "arbusto" ou "matagal". (*N. do T.*)

o quão trivial, geralmente acaba sendo ou falso ou mentiroso. Laura lê um poema do presidente para um punhado de fanáticos por livros; a imprensa divulga o poema amplamente como sendo de autoria presidencial; e meses depois ela dá uma risadinha, dizendo que não foi o Júnior quem realmente o escreveu... Ou o peru de ação de graças que o soldado George "serviu" para a tropa no Iraque e que não era comestível. Fora preparado por um decorador de comidas para uma foto e, presumivelmente, transportado no Força Aérea Um. ("OK, Condi, estamos todos aqui. Onde está a maldita ave?") Ou, ainda nesta mesma excelente aventura, a história sobre o piloto da British Airways que se surpreendeu com a visão do avião presidencial que passou zunindo pelas nuvens. Eles também inventaram essa história, mas com certeza ela aparecerá em algum filme para a TV. A próxima coisa que ouviremos é que não era nem Bush no Iraque, mas um dos dublês que ele emprega em aparições para levantamento de fundos, enquanto ele e Cheney jogam pinocle no "buraco de aranha"* código laranja.

E, no entanto, o mistério continua. Quem escreveu aquele poema? Wolfowitz? Perle? Rumsfeld? Dana Gioia?

*"Buraco de aranha", em inglês, "*spider hole*" foi o neologismo criado pelas Forças Armadas americanas para designar o tipo de esconderijo no qual Saddam Hussein foi encontrado no Iraque. (*N. do T.*)

ALGUNS FATOS E PERGUNTAS

[2 de fevereiro de 2004]

Um dos mistérios mais persistentes é o que faz com que as notícias virem notícia nos EUA. Todas as recentes e escandalosas revelações sobre a equipe de Bush e a guerra no Iraque já são segredos revelados ou de conhecimento geral há meses, ou até mesmo anos. Mas ainda agora elas desaparecem sob uma névoa de negações, recriminações e ofuscação deliberada. Membros do governo usam, até dizer chega, a antiga fala sobre as águas de Casablanca ("Fui mal informado"),* ao passo que os falcões e os supostos falcões liberais usam o expediente de selecionar e refutar apenas os argumentos mais ilusórios dos seus detratores. Eis aqui alguns fatos simples:

1. A invasão do Iraque foi uma prioridade da equipe de Bush desde o início. (Em 27 de janeiro de 2001, escrevi que a "principal preocupação" do novo governo seria o "retorno ao Iraque". Obtive esta informação de fonte sigilosa a partir

*No filme *Casablanca*, ao ser perguntado pela polícia sobre o que o trazia à cidade, Rick responde ter vindo por causa das águas de Casablanca. "Mas não existem águas em Casablanca", diz o policial. "Fui mal informado", é o comentário final do personagem representado por Humphrey Bogart. (*N. do T.*)

do jornal *New York Times*.) Todos os avisos de ameaças iminentes, terrorismo, e armas de destruição em massa, repetidos incessante e solenemente, eram apenas um plano de *marketing* — como Paul Wolfowitz admitiu — para os planos que prepararam bem antes.

2. O Iraque não tinha nenhuma arma de destruição em massa. A atual disputa de acusações sobre "quem sabia o quê" é simples controle de danos em um ano eleitoral. Sobre a questão das armas químicas/biológicas, a equipe de Bush escolheu o que queria ouvir da CIA, ao mesmo tempo que reclamava que a própria CIA estava subestimando a ameaça. (Agora estão falsamente reclamando que a CIA superestimou a ameaça.) Para agir contra as informações que não agradavam, Rumsfeld criou a sua própria agência de informações dentro do Pentágono — algo sem precedente — para confirmar as suas delusões. Todas as fontes de informação (incluindo os israelenses) foram bem claras sobre o Iraque não ter armas nucleares, nem mesmo quaisquer rudimentos de potencial capacidade nuclear. Estas armas foram invenção de Ahmad Chalabi e de outros grupos de exilados iraquianos, que a equipe de Bush entusiasticamente aceitou, apesar da ausência de provas, e usou como o seu argumento mais forte para a invasão imediata. Enquanto a maioria dos membros da equipe está, agora, culpando a CIA pela informação incorreta, Dick Cheney continua sustentando sua desinformação. Apenas na semana passada, ele apareceu de uma de suas excursões de matança de aves para dizer que o

Iraque realmente possuía laboratórios móveis de armas biológicas — aqueles mesmos laboratórios cuja função provou-se, meses atrás, ser a de produzir hélio para balões meteorológicos.

[Um parêntese: todo mundo deu uma boa risada quando Bush, no seu discurso de prestação de contas à nação, acusou seriamente o Iraque de ter "programas de atividades ligados a armas de destruição em massa". (Como disse o comediante Jon Stewart: "Que porra é essa?") Susan Stranahan, da *Columbia Journalism Review*, descobriu a origem da expressão em um relatório provisório, escrito em outubro passado por David Kay, o principal inspetor de armas do Grupo de Inspeção do Iraque, que agora declara que o Iraque não tinha esse tipo de armas. Em depoimento ao Comitê de Serviços Armados do Senado foi-lhe perguntado o que a expressão significaria:

"Isso inclui, por exemplo [...] algum programa para desenvolver um substituto para um grande precursor do VX, usando capacidade de produção e produtos químicos locais de maneira a não ser preciso importá-lo. Isso inclui um estudo, por exemplo, sobre algum similar do antraz [...] Eles [os iraquianos] examinaram a letalidade de vários agentes e os classificaram. Isso é trabalho ligado às armas de destruição em massa."

Bem, está certo... Então um outro senador perguntou: "Quantos países, no mundo, hoje, o senhor diria que se qualificam na categoria de desenvolvedores a participantes de programas de atividades ligados a armas de destruição em massa?"

Kay respondeu: "Provavelmente cerca de cinqüenta."

Sobrariam, então, mais 49 países para se invadir preventivamente.]

3. Saddam Hussein foi monstruoso. No entanto, a maior parte de suas ações monstruosas ocorreu nos anos 1980, quando ele era um aliado dos EUA — um baluarte contra o fundamentalismo iraniano —, com armas químicas, biológicas e de outros tipos que lhes eram fornecidas pelos EUA, ou, então, logo após a Guerra do Golfo. De acordo com muitos dos relatórios daqueles que lhe eram íntimos (mais vividamente, do seu tradutor pessoal), Saddam, em seu último ano, vivia uma espécie de "outono do patriarca": isolado em seus palácios para escrever romances horrorosos e desatento para os detalhes do governo. O regime estava à beira de um colapso — mas, graças ao embargo comercial, fora mantido no poder, devido ao seu total controle sobre comida, medicamentos e outros produtos essenciais. No Iraque, "a mudança de regime" poderia ter acontecido, e provavelmente em um futuro próximo, sem a invasão norte-americana.

4. A invasão do Iraque não foi, como alegam os falcões liberais, um ato de intervenção humanitária. Embora o regime fosse opressivo — como tantos outros no mundo atualmente —, as ações mais grotescas de Saddam aconteceram anos antes. As comparações com Kosovo ou Ruanda são falsas: a invasão não parou com nenhum massacre, levou a um.

O argumento dos falcões liberais de que deveríamos celebrar o fim de um governo fascista baseia-se em uma leitura seletiva da história. Embora seja verdade que o Partido Baath, a exemplo de outros movimentos nacionalistas, foi fundado, nos anos 1940, baseado no fascismo europeu, estes mesmos falcões — para ficar num exemplo — não defendem, igualmente, a derrubada do governo da Índia, atualmente sob a direção do Partido BJP (descendente direto do RSS, dos assassinos de Gandhi, que tentaram se aliar a Hitler — apesar de Hitler, com relação à Índia, preferir a administração britânica). Pode-se dizer que na Índia, atualmente, mais inocentes morrem por causa da cumplicidade do governo do que morreram no Iraque, em anos recentes, antes da guerra — mas esses indianos inocentes são, é claro, muçulmanos. Além disso, o argumento da intervenção humanitária ignorou, voluntária e estranhamente, quem é que estava intervindo. Se, por exemplo, a junta argentina invadisse o Chile e derrubasse Pinochet, teriam eles comemorado o fim da ditadura chilena?

5. A equipe de Bush acredita sinceramente que, depois de derrubar Saddam, poderá organizar facilmente um governo fantoche com Chalabi, que seria celebrado como um libertador, e eles, então, poderiam dedicar-se aos sérios negócios da reconstrução do país e da extração de petróleo. "Uma moleza", como eles costumam dizer. Parece que não houve mais nenhum plano para a ocupação, além dos planos de negócios.

6. Estamos, agora, no início do que pode muito bem ser uma longuíssima guerra civil no Iraque. Os curdos, depois de sua semi-independência durante o embargo, não querem mais voltar a fazer parte de um Estado iraquiano. A minoria sunita, com razão, está temerosa de um regime controlado pela maioria xiita, depois de várias décadas de repressão sunita. Os xiitas, brilhantemente, forçaram os norte-americanos a mostrar suas cartas, ao exigirem democracia — eleições diretas e imediatas —, o que é a última coisa que os EUA querem, já que isso, sem dúvida, levaria a um Estado governado por mulás e, conseqüentemente, hostil aos negócios norte-americanos. O Iraque, uma invenção do Tratado de Versalhes, que só se manteve unido por meio de governos coloniais ou totalitários, é como a Iugoslávia.

7. Mais soldados norte-americanos foram feridos ou morreram desde a declaração de "missão cumprida" do que durante a própria guerra. A captura de Saddam não diminuiu a violência nem mudou essencialmente nada, o que prova sua definitiva irrelevância em relação ao que está acontecendo atualmente.

Afeganistão e Terrorismo

8. Atos terroristas são levados a cabo por pequenos grupos de indivíduos que freqüentemente são transformados, pela imaginação popular (como nos anos 1960 ou no mundo islâmico hoje em dia), em heróis fora-da-lei. A atividade militar, com suas inevitáveis baixas civis, não apenas é inútil para acabar com o terrorismo, como também contribui para recrutar mais pessoas para a causa, em nome da proteção ou vingança dos inocentes contra o agressor. O terrorismo só pode ser combatido pela polícia e pelas agências do serviço secreto. A Europa prende suspeitos terroristas; os Estados Unidos explodem qualquer lugar onde terroristas possam estar escondidos.

9. A guerra no Afeganistão matou milhares de inocentes e não contribuiu em nada para acabar com a al-Qaeda e seus membros viajantes, como provaram as explosões subseqüentes em outros países. Os campos que serviam para treinar camponeses soldados de infantaria para lutar na Caxemira e no Uzbequistão podem, realmente, ter sido destruídos (se não foram simplesmente deslocados para o Paquistão), mas não há nenhuma prova de que as células de terroristas educados e de classe média foram enfraquecidas; pelo contrário, há muita especulação de que elas tenham sido fortalecidas.

10. Os talibãs eram monstruosos. Todavia, com a sua ausência, o país praticamente voltou ao domínio dos senhores da guerra, com o governo "democrático" limitando-se a Cabul e seus arredores imediatos. Fora de Cabul, os direitos das mulheres não melhoraram (ou ainda, como jamais é dito, chegaram perto da liberdade que elas tinham durante a ocupação soviética — ou, quanto a isso, no Iraque de Saddam). A produção de papoula, que fora banida pelos talibãs, tornou-se, mais uma vez, a maior indústria do país. A música pode ter voltado aos rádios, mas a economia de subsistência está muito pior e os talibãs estão se reagrupando no outro lado da fronteira com o Paquistão. O Afeganistão — aquele cemitério de elefantes para impérios — agora é um desastre esquecido.

11. Não havia nenhuma ligação entre Saddam Hussein e a al-Qaeda. (Osama bin Laden, afinal de contas, clamara inúmeras vezes pela derrubada do governo secular de Saddam. E uma das últimas mensagens de Saddam para os seus seguidores foi uma advertência contra os islamitas.) Saddam não tinha nada a ver com o terrorismo internacional e o Partido Baath sob sua liderança era estritamente um movimento totalitário nacional, sem ambições internacionais (com exceção do Kuwait) do Islã Radical. Todo mundo na equipe de Bush sabia disso desde o início. A fusão que fizeram entre Saddam e o terrorismo, e que ainda circula, é uma mentira que causou muitos milhares de mortes.

12. A Guerra contra o Terrorismo conseguiu criar, com sucesso, o clima de medo (códigos coloridos de alerta, canais de gravação, o uso repetido da palavra "terror" no discurso de prestação de contas à nação de Bush etc.) que é a marca registrada de um Estado totalitário. Criou caos entre os estrangeiros que moram nos Estados Unidos, os norte-americanos muçulmanos e qualquer um que tente visitar, estudar ou imigrar para os EUA. Criou a maior burocracia de um novo governo desde o New Deal — o Departamento de Segurança Interna —, com certeza a mais inútil de todas. Criou inúmeros pequenos inconvenientes nos aeroportos, prédios de escritórios e áreas públicas de encontro. Suspendeu os direitos legais de cidadãos e residentes estrangeiros, além de destruir as vidas de inocentes por meio de deportações e prisões secretas.

A única coisa que a Guerra contra o Terrorismo não fez foi eliminar terroristas. As invasões do Afeganistão e do Iraque têm, de modo geral, alienado os EUA do Islã (e do resto do mundo) e criaram inúmeros novos simpatizantes para o islamismo radical. É claro que apenas um pequeno punhado desses simpatizantes enveredará pelo terrorismo ativo, mas o terrorismo depende apenas de poucas pessoas.

13. Quase tudo o que foi dito pela equipe de Bush (ou o seu porta-voz, o presidente) acabou se revelando uma mentira. Mais e mais mentiras são reveladas a cada dia que passa: existem tantas delas que a própria palavra "mentira" perdeu todo o seu significado. De acordo com os padrões republicanos durante o governo Clinton (Whitewater, Monica, Travelgate), o presidente e o vice-presidente deveriam sofrer um *impeachment*, e todo e qualquer membro importante de governo, forçado a renunciar.

Podemos apenas imaginar o que os republicanos teriam feito se um governo democrata:

— vazasse o nome de um agente secreto da CIA numa vingança mesquinha;
— premiasse antigos empregadores com contratos bilionários, sem concorrência pública, e depois lhes permitisse aumentar enormemente os preços;
— ignorasse as informações do serviço secreto sobre ameaças terroristas antes de 11 de setembro;
— não conseguisse prender o responsável pelas mortes por antraz;
— deixasse um déficit de 500 bilhões de dólares para o ano seguinte, graças aos maciços gastos governamentais;
— estivesse perdendo de cinco a dez soldados norte-americanos por semana no Iraque, mantendo os feridos invisíveis (e cortando os seus benefícios médicos), ao mesmo tempo que não oferecesse nenhum possível cenário de saída;
— se recusasse a processar em bilhões de dólares seus maiores doadores de campanha por enganarem os consumidores;
— falhasse ao tentar capturar Osama bin Laden;
— tivesse uma política de educação baseada em falsas estatísticas oficiais do tempo em que o atual presidente ainda era governador;
— invadisse os computadores do partido rival, durante mais de um ano, para roubar planos de estratégia;
— montasse, no Pentágono, uma bolsa de apostas na internet para "terrorismos futuros";

— se recusasse a revelar os nomes daqueles que participaram de importantes reuniões políticas;

— tivesse os presidentes das empresas fabricantes de urnas eletrônicas administrando os seus comitês de campanha eleitoral;

— presidisse durante o período de maior perda de empregos desde a Grande Depressão (ao mesmo tempo que proclamasse um reaquecimento econômico);

— subvertesse mandatos constitucionais ao indicar juízes claramente ideológicos durante o recesso do Congresso;

— anunciasse freqüentemente a "certeza" de um ataque terrorista "iminente" "nos próximos dias";

e assim por diante. Pode-se dizer com segurança que ninguém permaneceria em seu cargo.

14. Os democratas e seus candidatos para presidente deveriam estar apresentando informações concretas que revelassem a multiplicidade e a profundidade desses enganos e mentiras. Em vez disso, estão dizendo obviedades dignas dos políticos caricatos dos filmes de Preston Sturges, fazendo uso da retórica corrupta de campanhas anteriores ("interesses especiais", "sou um *outsider*") ou brigando entre si por cargos ocupados anos atrás. É difícil imaginar de que maneira eles poderiam ganhar.

Contudo, quando as eleições estiverem mais próximas, haverá, sem dúvida nenhuma, mais uma ameaça iminente à segurança ou, ainda, outra invasão estrangeira no início de outubro, levando toda a nação a se unir, em um momento de crise, em volta do presidente. É inimaginável, ou imaginável até demais, que conseqüências trarão em seu bojo mais quatro anos desta junta governativa.

REPUBLICANOS: UM POEMA EM PROSA

[12 de agosto de 2004]

"Eles odeiam os nossos amigos. Eles odeiam os nossos valores. Eles detestam a democracia, a liberdade e a liberdade individual."
Presidente George W. Bush

Thomas Donahue, diretor da Câmara de Comércio dos EUA, é um republicano. Ele disse que as pessoas que ficaram desempregadas recentemente deveriam "parar de se queixar".

Alfonso Jackson, secretário de Habitação e Desenvolvimento Urbano, é um republicano. Ele explicou os enormes cortes nos programas de habitações para populações de baixa renda dizendo que "ser pobre é um estado de espírito e não uma condição".

Rick Santorum, senador da Pensilvânia, é um republicano. Ele defendeu cortes nos programas de bem-estar e de assistência à infância sugerindo que "fazer as pessoas batalhar um pouco não é necessariamente a pior coisa do mundo".

Eric Bost, subsecretário de Alimentação e Nutrição, do Departamento de Agricultura dos EUA, é um republicano.

Um estudo de sua própria agência relatou que 34 milhões de norte-americanos, incluindo 13,6 milhões de crianças com menos de 12 anos, foram afetados pela fome, mas Bost duvida desses números: "Se você perguntar a qualquer adolescente se eles estão felizes com a comida que têm em suas casas, o que eles dirão?" Respondendo a um relatório que dizia que o número de pessoas que procuram ajuda nas despensas públicas de Ohio crescera em 44% nos últimos três anos, Bost declarou a um jornal local: "As despensas públicas não exigem comprovante de renda [...] então, não há prova de que as pessoas que se alimentam de sopas gratuitas estejam realmente passando necessidades."

O dr. Tom Coburn, antigo congressista e atualmente candidato ao Senado por Oklahoma, é um republicano. Ele disse que o lesbianismo está tão escandaloso nas escolas de ensino médio em Oklahoma que as garotas só podem entrar nos banheiros uma de cada vez; no entanto, não foi encontrada nenhuma escola onde isso acontecesse. O dr. Coburn é a favor da pena de morte para os médicos que fazem abortos.

Os republicanos não gostam de cachorros. O general-de-divisão Geoffrey Miller, antigo chefe das prisões de Guantánamo, atualmente diretor das prisões no Iraque, disse que "em Guantánamo nós aprendemos que os prisioneiros têm de conquistar todas as mínimas coisas que têm. Eles são como cachorros, e se você os deixa acreditar, em algum momento, que são mais que cachorros, aí então você perdeu o controle sobre eles".

Os republicanos gostam de cachorros. Trent Lott, senador pelo Mississippi, foi questionado sobre o uso de cães de ataque na tortura de um prisioneiro iraquiano. Ele respondeu que "não havia nada de errado em se manter um cachorro por lá, desde que ele não comesse o prisioneiro".

Os republicanos têm senso histórico. O Museu Nacional da Aviação Naval agora exibe o caça a jato Navy S-3B Viking que levou o presidente ao deque do porta-aviões *Abraham Lincoln* para o seu discurso de "Missão Cumprida". Está escrito "George W. Bush Comandante-em-Chefe" bem abaixo da janela do *cockpit.*

Os republicanos estão combatendo o terrorismo. Rod Paige, secretário de Educação, chamou a Associação Nacional de Educação, que tem 2,7 milhões de professores como membros, de "organização terrorista". Karen Hughes, conselheira do presidente, disse que, especialmente depois do 11 de Setembro, os norte-americanos apóiam os esforços de Bush para proibir o aborto, porque "a diferença fundamental entre nós e a rede de terror contra a qual estamos lutando é que nós valorizamos toda forma de vida".

Patricia "Lynn" Scarlett, secretária assistente de Interior, é uma republicana. Ela é a antiga presidente da Reason

Foundation, um grupo libertário, e se opõe à reciclagem, às etiquetas com o valor nutricional dos alimentos, às restrições no uso de pesticidas e às leis sobre o "direito de informação" do consumidor.

D. Nick Rerras, senador estadual na Virgínia, é um republicano. Ele acredita que as doenças mentais são causadas por demônios e, um pouco contraditoriamente, que "Deus esteja punindo algumas famílias ao dar às crianças doenças mentais". Também alega que "trovões e relâmpagos significam que Deus está zangado com você".

John Yoo, assistente adjunto do secretário de Justiça, é um republicano. Em janeiro de 2002, ele enviou um memorando de 42 páginas para William Haynes II, conselheiro legal chefe do Pentágono, declarando que a Convenção de Genebra, a Lei dos Crimes de Guerra e o "direito internacional costumeiro" não se aplicam à guerra no Afeganistão. Ele foi seguido por Alberto Gonzales, conselheiro legal da Casa Branca, que escreveu: "Na minha opinião, este novo paradigma torna obsoletas as limitações específicas de Genebra a respeito do interrogatório de prisioneiros inimigos e antiquadas algumas de suas provisões." Alguns dias mais tarde, o presidente suspendeu todos os direitos dos prisioneiros em Guantánamo.

William Haynes II, o destinatário do memorando de Yoo, é um republicano. Como conselheiro legal chefe do Pentágono, ele argumentou que o Departamento de Defesa estaria dispensado de seguir o Estatuto do Tratado sobre Pássaros Migratórios e, portanto, apto a testar bombas nas ilhas do oceano Pacífico onde aves aninham. Ainda disse que estas explosões deixariam satisfeitos os ornitólogos, porque tornariam estes pássaros mais raros, e "os ornitólogos sentem muito mais prazer quando avistam alguma ave rara do que quando vêem uma comum". Recentemente, Haynes foi indicado pelo presidente para uma posição vitalícia de juiz do Tribunal Itinerante de Recursos.

Os republicanos gostam de crianças. John Cornyn, senador pelo Texas, ao falar em apoio à emenda constitucional que proíbe o casamento de homossexuais, declarou: "Não afeta muito a sua vida cotidiana se o seu vizinho se casa com uma tartaruga de estimação. Mas isso não quer dizer que é certo. Atualmente, você tem de criar seus filhos em um mundo onde a união de um homem com uma tartaruga de estimação tem o mesmo valor legal do que aquela entre um homem e a sua esposa."

Os republicanos são otimistas. O general Peter Schoomaker, chefe do estado-maior do Exército dos Estados Unidos, diz que, depois do 11 de Setembro, "há uma oportunidade de ouro em toda esta desgraça". Explica ele: "A guerra permite uma tremenda concentração [...] Agora temos esta oportunidade de visualização e temos o fato de que terroristas realmente atacaram nossa pátria, o que dá uma certa energia."

Republicanos não gostam de crianças. O presidente nunca se importou em indicar um diretor para a Agência de Proteção à Saúde da Criança.

Craig Manson, secretário assistente do Interior, é um republicano. Responsável por supervisionar a Lei das Espécies em Extinção, ele se recusou a adicionar novas espécies à lista. Falou: "Se estamos dizendo que a perda de espécies é inerentemente má por si só, eu não acho que já saibamos o suficiente sobre como o mundo funciona para poder dizer isso."

Elaine Chao, secretária de Trabalho, é uma republicana. O seu departamento publica um panfleto com dicas para os empregadores sobre como evitar o pagamento de horas extras aos trabalhadores.

Jack Kahl e o seu filho John Kahl são republicanos e grandes doadores do Partido Republicano. Eles são, respectivamente, o antigo e o atual presidente e CEO da Manco, Inc., uma empresa de Avon, em Ohio. (Cujo *slogan* é: "Se você não está orgulhoso, não despache o seu produto.") A Manco produz 63% de toda a fita isolante usada nos EUA. Quando o secretário de Segurança Interna Tom Ridge pediu repetidamente aos norte-americanos que comprassem folhas de plástico e fita isolante para selar suas casas contra algum ataque biológico ou químico, as vendas da Manco aumentaram 40% da noite para o dia.

Os republicanos têm senso histórico. Sonny Perdue, o governador da Geórgia, comemorou a sua eleição e o fim do controle democrata no estado entoando as palavras de Martin Luther King: "Finalmente livres, finalmente livres, obrigado Deus Todo-Poderoso, estamos finalmente livres!" Ele discursou em frente a uma enorme bandeira da confederação sulista.

Sue Myrick, congressista da Carolina do Norte, é uma republicana. Como principal oradora em uma conferência da Heritage Foundation sobre "O Papel do Estado e dos Governos Locais na Proteção de Nossa Pátria", declarou: "A bem da verdade, [meu marido] Ed e eu, durante anos, durante vinte anos, temos dito, 'você sabe, olhe para quem administra todas as lojas de conveniência espalhadas pelo país'. Em cada pequena cidade que se entre, sabe?"

Os republicanos estão lutando contra o terrorismo. Na pequena cidade de Prosser, em Washington, um garoto de 15 anos desenhou algumas charges contra a guerra, em um caderno de desenhos, para a aula de artes; uma delas retratava o presidente como um diabo atirando foguetes. A professora de artes entregou o caderno de desenhos para o diretor da escola, que chamou o chefe de polícia local, que alertou o serviço secreto, que enviou dois agentes a Prosser para interrogar o garoto.

John Hostettler, congressista de Indiana, é um republicano. Ele foi detido durante pouco tempo pela segurança do aeroporto de Louisville, em Kentucky, quando uma pistola automática Glock 9mm, carregada, foi encontrada em sua pasta de documentos. Em 2000, quando o Congresso aprovou a lei para punir a violência contra as mulheres por 415 votos a favor e 3 contra, Hostettler foi um destes 3.

Jeffrey Holmstead, administrador assistente para o Ar e Radiação da Agência de Proteção Ambiental, é um republicano. Um ex-advogado da Montrose Chemical, da American Electric Power e de várias empresas fabricantes de pesticidas, ele serviu no governo de Bush Pai, fazendo parte do Conselho [Dan] Quayle sobre Competitividade, que se dedicava a enfraquecer os regulamentos de meio ambiente, saúde e segurança. Holmstead é um dos membros da Citizens for the Environment, uma organização que promove soluções de mercado para problemas ambientais, considera chuva ácida um mito e apóia a total desregulamentação dos negócios.

Ed Gillespie é presidente do Comitê Nacional Republicano. Ele acusa os homossexuais de "intolerância e fanatismo" por "tentarem forçar o resto da população a aceitar estranhos padrões morais".

Al Frink é um republicano. Ele foi indicado para o cargo, recentemente criado, de assistente do secretário do Comércio para Indústrias e Serviços, com o objetivo de direcionar a maciça perda de empregos para fábricas no exterior. Ele é co-proprietário da Fabrica, uma empresa que produz caríssimos tapetes para a Casa Branca e para a família real saudita. (Cujo *slogan* é: "O Rolls-Royce dos tapetes".) Embora a Fabrica não possua unidades industriais no exterior, substituiu muitos dos seus trabalhadores por robôs porque, como explicou o sócio de Frink, não é preciso pagar seguro-saúde para robôs.

Existem soldados norte-americanos no Iraque que são republicanos. Eles seguem as instruções de rasgar uma determinada página do panfleto "Uma Obrigação Cristã" (distribuído, com autorização militar, pela In Touch Ministries [Ministros em contato]) e enviá-la para a Casa Branca, como compromisso de que orarão diariamente pelo governo. O panfleto inclui uma sugestão de oração para cada dia da semana. Na segunda-feira: "Ore para que o presidente e seus conselheiros sejam fortes e corajosos para fazerem o que é certo, sem se importarem com as críticas."

Existem homens em Indianápolis, Indiana, que são republicanos, mas eles não se parecem com pessoas comuns. Em uma manifestação a favor da política econômica republicana e seus efeitos para o cidadão comum, foi pedido àqueles que estavam atrás do presidente que tirassem seus paletós e gravatas para serem filmados.

Os republicanos estão lutando contra o terrorismo. Tim Pawlenty, governador de Minnesota, quer que as pessoas que forem presas em manifestações contra a guerra — e não em qualquer manifestação — paguem uma multa adicional, que será usada para "despesas para a segurança da pátria".

Os republicanos não gostam de crianças. Uma menininha perguntou a Richard Riordan, secretário de Educação do estado da Califórnia, se ele sabia que o seu nome, Isis, "significava 'deusa egípcia'". "Significa menina estúpida e suja", respondeu Riordan.

Os republicanos gostam de sorvete, mas não dos sorvetes feitos pela Ben & Jerry's, com o seu conhecido apoio às causas progressistas. Então eles criaram sua própria marca, Star Spangled Ice Cream [Sorvete Estrela Brilhante], que destina 19% dos seus lucros para organizações conservadoras. Dentre seus sabores estão "I Hate the French Vanilla" [Odeio a baunilha francesa], "Gun Nut" [Maluco por armas de fogo], "Smaller GovernMINT" [Menor governoMENTA], "Iraqi Road" [Estrada iraquiana] e "Choc & Awe" [Choque e pavor].

Jeb Bush, governador da Flórida, é um republicano. Ele inaugurou a primeira prisão cristã do país, onde os internos passam os dias em orações e estudos da Bíblia.

Republicanos gostam de veículos Hummers. Aqueles que comprarem um Hummer H-1 por 50.590 dólares têm direito a uma dedução de impostos de 50.590 dólares; aqueles que comprarem o modelo H-2 por 111.845 dólares têm direito a uma dedução de 107.107 dólares. "Na minha humilde opinião", disse Rick Schmidt, fundador da Associação Internacional dos Proprietários de Hummers, "o H-2 é um ícone norte-americano [...] é um símbolo daquilo que todos nós prezamos acima de tudo, o fato de termos liberdade de escolha, liberdade para o prazer, liberdade para aventura e exploração e a máxima liberdade de expressão. Aqueles que desdenham um Hummer por palavras ou ações desdenham a bandeira dos Estados Unidos e tudo aquilo que ela defende".

Os republicanos gostam de segredos. Quando perguntada por um repórter de um jornal de Apopka, na Flórida, a Casa Branca recusou-se a confirmar ou negar que convidara membros do time da liga infantil de Apopka para assistir a um jogo de T-ball* no gramado da Casa Branca.

Os republicanos têm senso histórico. Os funcionários públicos do condado de Taney, Missouri, recusaram-se a pendurar uma "placa de homenagem" em memória de um residente local que morrera no World Trade Center em 11 de setembro porque ele era um democrata.

*Uma espécie de jogo de beisebol infantil, no qual a bola não é lançada, mas colocada em um bastão especial para que possa ser acertada facilmente. (*N. do T.*)

Jerry Regier, diretor do Departamento de Crianças e Famílias do estado da Flórida, é um republicano. Ele acredita que as crianças devam estar sujeitas a uma disciplina "férrea", que uma "surra bíblica" que leve a "contusões e vergões temporários e superficiais não constituem abuso infantil", que as mulheres devem considerar o trabalho fora de casa como uma "servidão", que os cristãos não devem se casar com não-cristãos e que "o movimento radical feminista prejudicou a moral de muitas mulheres e convenceu os homens a abdicar de sua autoridade bíblica sobre o lar".

Pete Coors, candidato a senador pelo Colorado, é um republicano. Herdeiro da fortuna da Cervejaria Coors, ele declarou que, caso seja eleito, sua primeira prioridade será baixar a idade para consumo de bebidas alcoólicas.

Os republicanos têm senso histórico. Bill Black, vice-presidente do Partido Republicano na Califórnia, mandou para os membros do partido um artigo do Centro para o Conservadorismo Cultural, no qual se lê: "Considerando-se a maneira como as coisas ficaram ruins nos antigos EUA, não é difícil acreditar que a história poderia ter seguido um caminho bem melhor [...] O verdadeiro dano às relações raciais no Sul não foi conseqüência da escravidão, mas da reconstrução, que não teria acontecido se o Sul tivesse ganhado."

Kathy Cox, superintendente das escolas do estado da Geórgia, é uma republicana. Ela quer que todos os livros didáticos no estado sofram alterações para que a palavra "evolução" seja trocada pela expressão "mudanças biológicas no decorrer do tempo".

Jim Bunning, senador pelo Kentucky, é um republicano. Ele se diverte nos jantares republicanos ao brincar que o seu oponente para as próximas eleições, Dan Mongiardo, um filho de imigrantes italianos, é parecido com um dos filhos de Saddam Hussein.

Os republicanos têm senso histórico. As únicas ilustrações no orçamento federal, publicado anualmente pelo Departamento de Impressão do governo, são normalmente mapas e gráficos. Este ano, ele apresenta 27 fotos coloridas do presidente. Ele é visto em frente ao monumento a Washington e próximo a uma gigantesca bandeira dos Estados Unidos lendo para uma criança pequena, abrindo uma trilha na floresta, confortando uma mulher mais velha em uma cadeira de rodas e servindo um peru de Ação de Graças, de plástico, para os soldados no Iraque.

Os republicanos não gostam de almanaques. Na véspera do Natal, o FBI mandou um boletim para 18 mil organizações policiais, avisando-as que tomassem cuidado — nas barreiras de trânsito, buscas e outras investigações — com qualquer pessoa portando um almanaque. O boletim afirmava que "a prática de pesquisar alvos potenciais é consistente com os métodos conhecidos da al-Qaeda e de outras organizações terroristas que queiram maximizar a possibilidade de sucesso operacional por meio de planejamento cuidadoso". Kevin Seabrooke, editor sênior do *World Almanac* [Almanaque mundial], pode ou não ser um republicano. "Eu não acho que ninguém nos considere uma entidade perigosa", disse ele.

Os republicanos gostam do Rush Limbaugh Show [Programa do Rush Limbaugh] e gostam de transmiti-lo aos seus soldados no exterior, cinco dias durante a semana, através da rede de serviços de rádio e televisão das Forças Armadas norte-americanas. Quando alguém sugeriu que fosse oferecida uma programação política mais "equilibrada", Sam Johnson, um congressista do Texas, retrucou que "isso soa um pouco comunista para mim".

Stephen Downs, 61 anos, provavelmente não é republicano. Ele estava fazendo compras no Crossgate Mall, em Guilderland, Nova York, quando os seguranças o cercaram e pediram que ele saísse. Downs vestia uma camiseta com os dizeres Give Peace a Chance [Dê uma chance à paz]. Ele recusou-se a ir embora e foi preso por invasão de propriedade.

Meu amigo, um homem branco de meia-idade, não é um republicano. Como fotógrafo, ele fazia um trabalho, na Flórida, para a revista *National Geographic*. Fotografava algumas vans de cores vivas em um estacionamento. Uma hora mais tarde ele foi preso. Um cidadão alerta, suspeitando que um possível terrorista estivesse agindo em busca de informações, chamara a polícia.

Herbert O. Chadbourne provavelmente foi republicano alguma vez. Como professor na universidade evangélica Regent, ele desenvolveu um tique facial — resultado, alegou, de exposição a agentes biológicos ou químicos quando serviu como soldado na primeira Guerra do Golfo. A universidade, no entanto, afirmou que o tique era um sinal de que ele estaria possuído por um demônio, uma maldição divina por ter pecado, e por isso o demitiu.

Jeffrey Kofman, repórter da rede de televisão ABC, pode não ser um republicano. Quando ele apresentou uma matéria dizendo que o moral dos soldados norte-americanos no Iraque estaria diminuindo, a Casa Branca espalhou a notícia de que Kofman era, ao mesmo tempo, *gay* e canadense.

Os republicanos gostam de tecnologia. Embora a maioria dos programas de habitações para populações de baixa-renda e de capacitação profissional tenham sido ou reduzidos ou eliminados, o Departamento de Trabalho criou um *website* para os desabrigados.

Os republicanos gostam de bromometano, um pesticida que destrói a camada de ozônio e causa câncer de próstata em fazendeiros. O governo Reagan e 160 países assinaram um tratado em 1987 para eliminar o bromometano até o ano de 2005. O uso do pesticida tem aumentado em todos os anos do atual governo, que procura, agora, uma maneira de renunciar às obrigações do tratado. Claudia A. McMurray, assistente adjunta do assistente do secretário de estado para o Meio Ambiente, esclareceu: "Nossos fazendeiros precisam disso."

Os republicanos gostam de apostadores de corridas de cachorros, donos de pistas da Nascar, fabricantes de arcos e flechas e vendedores de Oldsmobile. Eles estavam entre os que receberam 170 bilhões de dólares em isenção de impostos, introduzida sorrateiramente em um projeto de lei obscuro destinado a resolver uma pequena disputa comercial com a Europa.

Os republicanos não gostam de tecnologia. Em 11 de setembro de 2001, os computadores do FBI ainda rodavam em MS-DOS, que só pode fazer buscas de uma palavra em seus artigos, e os agentes do FBI não tinham endereços de *e-mails*. Eles estão esperando que um novo sistema seja colocado em uso em 2006.

O tenente-general William Boykin, adjunto do subsecretário da Defesa para Inteligência, anteriormente responsável pela caça a Osama bin Laden e que, atualmente, dirige a reforma das prisões no Iraque, é um republicano. Ele aparece regularmente em encontros de reavivamento espiritual organizados por um grupo chamado Multiplicadores da Força da Fé, que defende a aplicação de princípios militares dentro do evangelismo. Seu manifesto, "Warrior Message" [Mensagem do guerreiro], faz apelo aos "guerreiros nesta guerra espiritual pelas almas desta nação e do mundo". Boykin prega que "Satã quer destruir esta nação, quer nos destruir como nação e como um exército cristão" e que os muçulmanos "só serão derrotados se nos colocarmos contra eles em nome de Jesus". Ele admite que "George Bush não foi eleito por uma maioria dos votos nos EUA", mas acrescenta: "Ele foi indicado por Deus."

Kelli Arena, correspondente da CNN no Departamento de Justiça, é, presumivelmente, uma republicana. Ela declarou que "existe alguma especulação de que a al-Qaeda acredita ter melhores chances de vencer no Iraque caso John Kerry esteja na Casa Branca".

William "Bucky" Bush, tio do presidente, é um republicano. Ele é um dos diretores da Engineer Support Systems, Inc., que fabrica produtos militares, como o sistema de abrigos protegido biológica e quimicamente (um abrigo móvel contra ataques de armas de destruição em massa) ou a unidade de controle ambiental organizadora de campanha. Desde 2001, a empresa realiza vendas para o Pentágono no valor de 300 milhões a 400 milhões de dólares por ano, e o Departamento de Segurança Interna encomendou uma frota de comunicadores móveis de emergência para usar no caso de um ataque bioquímico doméstico. Ele também é diretor da

Lord Abbett & Co., que possui 8 milhões de ações da Halliburton. Jeb Bush inseriu uma emenda no orçamento estadual da Flórida privatizando a inspeção de elevadores. "Bucky" é um dos proprietários de uma empresa chamada National Elevator Inspection Services [Serviço nacional de inspeção de elevadores].

Os republicanos gostam de urnas eletrônicas. Nos anos 1980, Bob e Todd Urosevich fundaram uma empresa de urnas eletrônicas, posteriormente chamada de American Information Systems (AIS), com dinheiro da família Ahmanson, da Califórnia. Os Ahmanson são cristãos reconstrucionistas que querem estabelecer uma teocracia baseada na lei bíblica e sob o "domínio" de cristãos. Defendem a pena de morte para homossexuais, adúlteros e alcoólatras. São membros de um secreto Conselho de Política Nacional, que reúne remanescentes da Sociedade John Birch, com cristãos apocalípticos, e é considerado por muitos a força motriz da ideologia da "direita extremista". Os Ahmanson venderam sua empresa para o McCarthy Group, cujo presidente e sócio era Chuck Hagel. O McCarthy Group comprou outra empresa de urnas eletrônicas, a Cronus Industries, dos Hunt, magnatas do petróleo, no Texas, também cristãos reconstrucionistas, e que foram responsáveis pela doação do montante que originou o Conselho de Política Nacional. As duas empresas de urnas eletrônicas foram fundidas e daí nasceu a Election Systems and Software (ES&S), com Hagel como presidente.

Os republicanos gostam de urnas eletrônicas. A ES&S apura 80% dos votos no estado de Nebraska. Em 1992, Hagel afastou-se da ES&S para poder concorrer ao Senado por Nebraska. A sua vitória foi chamada de "virada impressionante" por um jornal de Nebraska: distritos afro-americanos que nunca votaram em nenhum republicano votaram em Hagel. Em 1996, Hagel concorreu de novo e obteve 83% dos votos — 3% a mais do que o total de votos apurados pela ES&S, e a maior vitória em eleição na história de Nebraska. O seu oponente democrata pediu uma recontagem, mas o legislativo estadual, dominado pelos republicanos, passara uma lei estipulando que apenas a ES&S poderia recontar os votos. Hagel ganhou a recontagem. Não mais presidente do McCarthy Group, Hagel fora sucedido por Thomas McCarthy, que foi o tesoureiro de sua campanha.

Os republicanos gostam de urnas eletrônicas. Quando Jeb Bush concorreu pela primeira vez a governador da Flórida, sua primeira escolha para o cargo de vice-governador foi Sandra Mortham, uma lobista da ES&S, que recebia comissões por cada condado que comprasse urnas da ES&S.

Os republicanos têm senso histórico. John LeBoutillier, ex-congressista e autor do livro *Harvard Hates America* [Harvard odeia os Estados Unidos], quer construir uma "Biblioteca Contra Clinton", a alguns minutos de caminhada da Biblioteca Presidencial Clinton oficial, em Little Rock, Arkansas.

A biblioteca será dedicada às "distorções, calúnias, voltas e mentiras descaradas" do governo Clinton.

O Senado do estado do Texas é controlado pelos republicanos. Ele aprovou uma "lei de aconselhamento para o aborto", que obriga os médicos a avisar as mulheres de que o aborto pode causar câncer no seio, fato para o qual não existe nenhuma prova científica.

O Conselho de Consultores Econômicos do presidente é composto de republicanos. Com o intuito de demonstrar um aumento do número de empregos na indústria, eles estão pensando em reclassificar os trabalhadores das lanchonetes como "trabalhadores industriais", já que eles "fabricam" hambúrgueres.

Os republicanos gostam de formaldeído. Como subsídio para mudar os regulamentos sobre as emissões das fábricas de madeira compensada, a Agência de Administração e Orçamento da Casa Branca apagou as referências aos estudos do Instituto Nacional do Câncer e colocou em seu lugar estudos do Instituto de Toxicologia da Indústria Química. As estimativas do Instituto Nacional do Câncer para o risco de se contrair leucemia a partir da exposição a formaldeído eram 10 mil vezes maior do que o que foi estimado pelo Instituto de Toxicologia da Indústria Química.

Os republicanos estão lutando contra o terrorismo. Quando o governador de Vermont anunciou que estava processando o governo federal para permitir que cidadãos idosos importassem remédios controlados mais baratos do Canadá, Lester Crawford, comissário da Food and Drug Administration, alegou que a al-Qaeda tinha um plano para envenenar remédios controlados importados. O Departamento de Segurança Interna admitiu, "não temos nenhuma informação específica atual" sobre este plano.

George Nethercutt, candidato a senador pelo estado de Washington, é um republicano. Ele atacou a mídia por informar as baixas norte-americanas no Iraque e ignorar as boas notícias, alegando que o esforço de reconstrução é uma "história melhor e mais importante do que a perda diária de alguns poucos soldados".

O especialista Sean Baker da Guarda Nacional de Kentucky foi, provavelmente, um republicano alguma vez, mas não deve ser mais. Escalado para a prisão militar de Guantánamo, ele se ofereceu para representar um detento em um exercício de treinamento. Uma "força de resposta imediata" composta por cinco homens estrangulou-o e o agrediu no chão metálico da cela 1,80m x 2,40m, embora ele gritasse a senha e dissesse aos seus agressores que era um soldado norte-americano. Eles finalmente pararam quando a sua roupa laranja de prisioneiro foi rasgada e o seu uniforme militar ficou à mostra. Baker passou 48 dias no hospital e ainda sofre ataques apopléticos. Laurie Arellano, republicana e porta-voz do Pentágono, disse que a internação de Baker no hospital "não estava relacionada com a agressão em Guantánamo". Alguns dias mais tarde ela disse que foi verdade. O incidente foi gravado, mas a fita está atualmente perdida.

Bill Nevins pode ou não ter sido um republicano, mas é difícil que ele ainda o seja. Professor da gigantesca escola secundária Rio Rancho High School — com mais de 3 mil alunos, a maior no Novo México —, ele organizou um clube de poesia na escola, que promoveu um Concurso de Poesia. Durante o evento, uma estudante leu um poema que criticava o presidente e a guerra no Iraque, em uma linguagem que não era violenta nem obscena. Nevins imediatamente foi demitido pelo diretor, Gary Tripp, por promover um "discurso desrespeitoso". O diretor, então, proibiu o clube de poesia e todas as aulas sobre o assunto, ordenou que a estudante destruísse todos os seus poemas e ameaçou demitir a sua mãe — também professora da escola — se a aluna não o fizesse. Em uma assembléia da escola, alguns dias mais tarde, Tripp leu um poema de sua própria autoria e instruiu os estudantes que discordassem dele a "ficarem calados".

Republicanos gostam de sexo. Jack Ryan, candidato (agora ex-candidato) a senador por Illinois, obrigava sua mulher (agora ex-mulher) a visitar clubes de sexo em Nova York e Paris, e lá insistia que ela fizesse sexo com ele enquanto outros assistiam. Ele se defendeu chamando isso de "fugas românticas" e acrescentou: "não houve violação de nenhuma lei. Não houve violação de nenhuma lei do casamento. Não houve nenhuma violação dos Dez Mandamentos." Os republicanos apoiaram-no porque, como disse o colunista Robert Novack, "Jack Ryan, diferentemente de Clinton, não cometeu adultério nem mentiu". A ex-mulher de Jack Ryan é a atriz Jeri Ryan, que, no seriado de TV *Jornada nas estrelas*, fazia o papel de um Borg. (Cujo lema era "Resistir é inútil".)

Os republicanos estão lutando contra o terrorismo. Três semanas antes da convenção democrata, o *New Republic* informou que a Casa Branca estivera pressionando o serviço secreto paquistanês para que prendesse ou assassinasse um "HVT" [sigla em inglês para "terrorista de alto valor"] a tempo para a convenção. No dia do discurso de Kerry, foi anunciada a prisão de um, Muhammad Naeem Noor Khan. Alguns dias mais tarde, as cidades de Nova York, Washington, D.C., e Newark, em Nova Jersey, foram colocadas em um nível de alerta de terror ainda mais alto, depois que foi revelado que os discos rígidos do computador de Khan continham plantas e informações de vigilância de cinco prédios de empresas financeiras. Tom Ridge, secretário de Segurança Interna, insistindo em que este alerta de terror era realmente mais sério e específico do que todos os anteriores, encerrou sua entrevista coletiva dizendo: "Nós devemos entender que o tipo de informação disponível para nós hoje é resultado da liderança do presidente na guerra contra o terror."

Os republicanos estão lutando contra o terrorismo. No dia seguinte ao anúncio de Ridge, foi revelado que os documentos da al-Qaeda eram de 2000 e 2001, antes do 11 de Setembro. No dia seguinte a isso, admitiu-se que não havia nenhuma planta. Alguns dias mais tarde, oficiais do serviço secreto britânico demonstraram toda a sua raiva, não só pela prisão de Khan, mas também pela divulgação de Khan. Khan pode ter sido o único agente duplo nas fileiras da al-Qaeda e havia lhes fornecido informações que levaram a várias prisões de membros da al-Qaeda.

Joe Lieberman, senador por Connecticut e ex-candidato a vice-presidente, não é, a princípio, um republicano. Ele declarou: "Não acho que ninguém que seja justo ou esteja no gozo de suas faculdades mentais poderia pensar que o presidente ou o secretário de Segurança Interna subiria o nível de alerta e assustaria a população por razões políticas."

Os republicanos gostam de carne e gostam que a sua carne seja regulada por pessoas provenientes da indústria da carne. No Departamento de Agricultura dos EUA, Elizabeth Johnson, conselheira sênior sobre Alimentação e Nutrição, foi anteriormente diretora associada de política alimentar da Associação Nacional de Carne Bovina. James Moseley, secretário de Agricultura adjunto, foi anteriormente gerente associado da Infinity Pork. Dale Moore, chefe do estado-maior, foi anteriormente diretor executivo para assuntos legislativos da Associação Nacional de Carne Bovina. O dr. Eric Hentges, diretor do Centro para Promoção e Política da Nutrição, foi anteriormente vice-presidente do Conselho Nacional da Carne Suína. Dr. Charles "Chuck" Lambert, subsecretário adjunto para Programas Reguladores e Mercado, foi anteriormente economista chefe da Administração Nacional de Carne Bovina. Donna Reifschneider, administradora da Administração para Inspeção de Grãos, Empacotadores e Currais, foi anteriormente presidente do Conselho Nacional dos Produtores de Carne Suína. Mary Kirtley Waters, secretária assistente de Relações com o Congresso, foi anteriormente diretora executiva da ConAgra Foods. Scott Charbo, funcionário chefe de informação, foi anteriormente presidente da mPower3, uma subsidiária da ConAgra Foods. O Departamento de Agricultura proibiu a Creekstone Farms Premium Beef, uma empresa do Kansas, de testar todo o seu rebanho para a doença da vaca louca, pois isso poderia causar um alarme indevido entre os consumidores e pressionar os demais produtores de carne bovina a terem de fazer testes semelhantes com os seus rebanhos.

Joe Brown, presidente da Câmara de Vereadores da cidade de Memphis, Tennessee, é um republicano. Quando um grupo de sete "líderes cívicos e comunitários" iraquianos, em uma visita aos Estados Unidos patrocinada pelo Departamento de Estado, visitou Memphis, ele se recusou a deixá-los entrar no prédio da prefeitura: "Nós não sabemos exatamente o que está acontecendo. Não sabemos nada dessa delegação... será que o FBI foi informado? Devemos garantir a segurança e proteger todos os empregados que trabalham no prédio." Brown disse ao anfitrião do grupo que ele "evacuaria o prédio e chamaria o esquadrão antibombas" se o grupo tentasse entrar.

Os republicanos gostam de batatas da liberdade (anteriormente conhecidas como batatas fritas).* A pedido da indústria de batatas da liberdade congeladas, o Departamento de Agricultura dos Estados Unidos mudou a classificação das batatas da liberdade congeladas para "vegetais frescos", de modo a permitir que o produto pudesse ser colocado na lista de uma dieta saudável recomendada pelo departamento.

Os republicanos não gostam de sexo. Robert F. McDonnell, presidente do Comitê da Corte de Justiça da Câmara Legislativa do estado da Virgínia, declarou que "praticar sexo anal ou oral poderia desqualificar uma pessoa de ser juiz". Os republicanos gostam de sexo. Poucos dias depois, o coordenador de campanha de McDonnell, Robin Vanderwell, foi preso por ter aliciado um menor de idade pela internet.

Ralph Reed é um republicano. Quando era diretor da Coalizão Cristã, fez campanha contra os jogos de azar, chamando-os de um "câncer no corpo da política norte-americana"

*Nos Estados Unidos, as batatas fritas (*French fries* — literalmente, [batatas] fritas francesas) passaram a ser chamadas de batatas da liberdade (Freedom fries) depois que a França se opôs à invasão do Iraque. (*N. do T.*)

que está “roubando a comida das bocas das crianças”. Ele é agora o lobista de um grande cassino.

Anna Perez, ex-consultora de Comunicação de Condoleezza Rice e ex-secretária de Imprensa de Barbara Bush, é uma republicana. A rede NBC nomeou-a vice-presidente executiva de comunicação. “Eu adoro a indústria da televisão”, disse ela, apesar de “não ser nenhuma entendida no assunto”.

Paul O’Neill é um republicano. Quando foi secretário do Tesouro, recomendou que as corporações não pagassem nenhum imposto. Atualmente, apenas 60% das corporações pagam impostos federais.

Michael Skupkin, fundador de uma empresa de *software* religioso e líder da Equipe Presidencial de Oração, é um republicano. Ele foi estimulado a se candidatar ao Senado por Michigan, mas acabou recusando. Skupkin ficou famoso no programa de televisão Survivor 2, por pegar e matar um javali selvagem com as próprias mãos e depois pintar o rosto com o sangue do animal. A Equipe Presidencial de Oração é uma organização independente com milhões de participantes, que recebem instruções diárias, como: “Ore pelo presidente durante o seu encontro com o primeiro-ministro de Cingapura Goh Chok Ton, em 6 de maio. Os dois líderes discutirão o fortalecimento de nossas relações bilaterais, bem como o acordo de livre comércio EUA-Cingapura.”

Mark Rey, ex-vice-presidente da Associação Nacional de Produtos Florestais, ex-diretor executivo da Aliança Norte-Americana de Recursos Florestais, uma coalizão de 350 corporações madeireiras, é um republicano. Como subsecretário de Recursos Naturais e Meio Ambiente, ele agora supervisiona o serviço florestal dos EUA e é responsável pela administração de 155 florestas nacionais, 19 pastagens nacionais e 15 projetos de utilização da terra em 192.000.000 de acres de terras públicas em 44 estados. É autor da "cláusula adicional de salvamento", que suspendeu todas as leis ambientais nas florestas nacionais e foi chamada de "o pior exemplo de legislação ambiental já escrito".

Os republicanos gostam de urnas eletrônicas. Oito milhões de pessoas — 8% dos eleitores — votam em urnas feitas pela Diebold Inc., cujo presidente é Wally O'Dell. Em 2000, O'Dell era presidente do Comitê da Campanha Presidencial de Bush, em Ohio. Em 2004, ele disse que estava "empenhado em ajudar Ohio a entregar os seus votos eleitorais ao presidente". Bob Urosevich, co-fundador da AIS, é atualmente diretor da Diebold Election Systems. (Seu irmão permanece na ES&S.)

Os republicanos apóiam a educação. Neste ano, o presidente propôs novos créditos para a educação: 40 milhões de dólares para ajudar profissionais de matemática e ciências a tornarem-se professores, 52 milhões de dólares para criar mais cursos avançados de colocação nas escolas do ensino médio, 100 milhões de dólares para aulas de leitura, para os alunos do ensino médio e do segundo segmento do ensino fundamental que ainda têm dificuldades de leitura, e 270 milhões de dólares para aulas de abstinência sexual.

Os republicanos apóiam leis com nomes alegres: Florestas Saudáveis, Céus Limpos, Líderes do Clima, Nenhuma Criança Deixada para Trás, Cuidando das Crianças. Florestas Saudáveis abriu o Parque Nacional das Sequóias e os outros parques e áreas selvagens nacionais, e mais estradas para a indústria madeireira. A Céus Limpos permite um nível de poluição do ar com 68% a mais de óxido de nitrogênio, 125% a mais de dióxido sulfúrico e 420% a mais de mercúrio do que a sua antecessora, lei do Ar Limpo. Líderes do Clima é um plano para que as empresas reduzam voluntariamente suas emissões de gases causadores do efeito estufa; dos muitos milhares de líderes potenciais, apenas 14 se apresentaram voluntariamente. Nenhuma Criança Deixada para Trás reduz o orçamento da maioria dos programas escolares em favor dos testes padronizados. Cuidando das Crianças, uma iniciativa de Jeb Bush no estado da Flórida, resultou em 167.500 crianças que tiveram seus seguros-saúde cancelados.

Jerry Thacker, consultor de *marketing* e ex-membro da Comissão Consultiva Presidencial sobre Aids e HIV, é um republicano. Ele tem chamado a Aids de "praga *gay*", descreve a homossexualidade como um "estilo de morte" e declara que só "Cristo pode salvar o homossexual".

O reverendo Scott Breedlove, pastor da Igreja de Jesus de Cedar Rapids, Iowa, provavelmente é um republicano. Seus planos para uma grande queima de livros ao ar livre foram frustrados por oficiais do Corpo de Bombeiros. Um inspetor de incêndios da cidade sugeriu que se rasgassem os livros, mas Breedlove disse que isto não parecia muito bíblico.

Pat Tillman era provavelmente um republicano. Depois do 11 de Setembro, ele desistiu de um contrato multimilionário como jogador profissional de futebol americano para ingressar em uma tropa de assalto do Exército no Afeganistão, onde morreu em combate. Como único soldado com algum reconhecimento nacional prévio, ele esteve à beira de ser canonizado pela mídia, quando se revelou que ele fora morto por soldados norte-americanos em um incidente de "fogo amigo".

Zell Miller, senador pela Geórgia, poderia muito bem ser um republicano. Ele é um democrata que faz campanha para o presidente e discursa em eventos republicanos. A tortura na prisão de Abu Ghraib fez com que ele se lembrasse do ginásio de sua escola secundária: "Acho que as duas vezes em que fui mais humilhado na minha vida foram quando tive de ficar de pé, em uma grande sala, completamente pelado, junto com mais outros cinqüenta e fomos examinados, isso, sim, foi humilhante. Era humilhante tomar banho com mais outros sessenta em um chuveiro público. Isso não nos matou, não foi? Ninguém nunca morreu de humilhação."

Os republicanos estão lutando contra o terrorismo. A polícia e o serviço secreto estão examinando atualmente arquivos da Imigração e as listas de registro de eleitores, carteiras de motorista, matrículas em universidades, empréstimos em bibliotecas, reservas de vôos, compras com cartão de crédito, certidões de nascimento, e registros na previdência social, na tentativa de descobrir conexões terroristas. Entretanto, foram terminantemente proibidos pelo secretário de Justiça Ashcroft de olhar as listas com as informações cadastrais dos compradores de armas de fogo.

Os republicanos estão lutando contra o terrorismo, mas algumas vezes é difícil dizer quem é terrorista e quem é republicano. O secretário de Justiça John Ashcroft avisou que os membros da al-Qaeda nos Estados Unidos provavelmente aparentam ser "europeus", de vinte e tantos ou trinta e poucos anos de idade, que falariam inglês e estariam viajando com suas famílias.

Os republicanos gostam de grandes bombas. Já tendo desenvolvido a Massive Ordnance Air Blast — Moab [Material bélico maciço de explosão aérea], uma bomba de aproximadamente 9.500kg, eles estão atualmente trabalhando no

MOP, o Massive Ordnance Penetrator [Material bélico maciço penetrador], que pesa aproximadamente 13.600kg.

Rick Perry, governador do Texas, é um republicano. Ele não acredita que os ricos devam pagar pela educação dos pobres, por isso propôs reduzir os impostos sobre propriedade e substituí-los com o aumento dos impostos sobre cigarros e bebidas alcoólicas e um imposto de 5 dólares a ser pago quando um cliente entra em uma casa de *striptease*.

John Graham, ex-presidente da Strat@comm, uma empresa de relações públicas e *lobby* para a indústria automobilística, e fundador da Sports Utility Vehicle Owners of America [Proprietários de veículos utilitários esportivos dos Estados Unidos], é um republicano. Como administrador responsável pelos regulamentos da administração Nacional de Estradas e Segurança no Trânsito, ele tem introduzido padrões cada vez mais inferiores para os pneus de automóveis.

O juiz John Leon Holmes, indicado pelo presidente para um assento vitalício na Corte de Jurisdição Federal, é um republicano. Ele apóia uma emenda constitucional para se proibir o aborto, comparou os defensores da pró-escolha aos nazistas e o aborto à escravidão, e escreveu que "a preocupação com as vítimas de estupro é uma tentativa de desviar o assunto, porque a gravidez proveniente de estupro acontece com a mesma freqüência com que a neve cai em Miami". Confrontado com estatísticas demonstrando que aproximadamente 30 mil mulheres norte-americanas engravidam, anualmente, de estupro ou incesto, Jeff Sessions, senador republicano do Alabama, defendeu Holmes dizendo que este estava apenas usando uma "figura de linguagem chamada 'exagero' para causar algum efeito".

Josh Llano, capelão batista sulista do Exército no Iraque, é um republicano. No acampamento da quinta unidade do Exército, no deserto perto de Najaf, onde existe pouco suprimento de água e os banhos são controlados, ele recebeu uma piscina com quinhentos galões de água para usar em batismos. Os soldados estão aceitando passar por uma cerimônia de três horas para conseguir tomar um banho.

Os republicanos estão lutando contra o terrorismo. Em outubro de 2001, Ansar Mahmood, um entregador de pizza e imigrante legalizado em Hudson, Nova York, foi às margens do rio Hudson tirar algumas fotos do belo cenário para poder enviar ao seu vilarejo no Paquistão. O que ele não sabia era que estava perto de uma usina de tratamento de água e que havia uma histeria geral sobre terroristas envenenando suprimentos de água. Mahmood ainda está na cadeia.

James Hart, candidato ao Congresso pelo Tennessee, é um republicano. Um ardente defensor da eugenia, ele acredita que os africanos e os afro-americanos têm um QI médio de 75 e que, se o casamento inter-racial fosse permitido no passado, a luz elétrica, o automóvel e o avião nunca teriam sido inventados.

Allan Fitzsimmons, coordenador de combustíveis no Departamento do Interior e responsável pela implementação da iniciativa Florestas Saudáveis, é um republicano. Apesar de não ter nenhuma formação em administração florestal, ele escreveu alguns artigos questionando a existência de ecossistemas, chamando-os de "construções mentais". Ele acusou as organizações religiosas que promovem a proteção ambiental de sucumbirem à idolatria.

Os republicanos não gostam de crianças. A Food anda Drugs Administration vetou as leis que exigiam testes separados para os remédios que são prescritos tanto para crianças quanto para adultos.

Os republicanos gostam de ajudar os países pobres. O governo propôs que estes países gerem receita permitindo que caçadores matem elefantes e outros animais "troféus", e que traficantes de animais e a indústria de bichos de estimação possam capturar pássaros raros. Também propôs que a importação de presas de marfim, peles e chifres seja legalizada mais uma vez.

Os republicanos gostam de urnas eletrônicas. Foi uma surpresa quando Max Cleland, um popular senador democrata da Geórgia, perdeu sua candidatura à reeleição. Alguns atribuíram a derrota às propagandas televisivas republicanas, justapondo as fotos de Cleland com as de Osama bin Laden e questionando o patriotismo do senador, apesar de Cleland ter perdido as duas pernas e um braço na Guerra do Vietnã. Esta foi a primeira eleição em que todos os votos na Geórgia foram depositados em urnas eletrônicas. As urnas foram fabricadas pela Diebold.

Os republicanos não gostam de tratados internacionais.

Randall Tobias, coordenador global para a Aids, é um republicano. Após dois anos, apenas 2% dos 18 bilhões de dólares destinados a combater a Aids foram gastos. Um terço desse dinheiro, por lei, deve ser usado para "ensinar abstinência". A maior parte do restante será usada com remédios. Tobias decide se o governo comprará drogas genéricas ou patenteadas, que são de três a cinco vezes mais caras. Tobias é ex-presidente da corporação farmacêutica Eli Lilly, que já doou, ao menos, 1,5 milhão de dólares para os republicanos desde 2000.

William G. Myers, recentemente nomeado juiz vitalício no Tribunal de Apelações, é um republicano. Um notório acadêmico clássico, ele referiu-se à Lei Californiana de Proteção do Deserto, que criou os parques nacionais de Joshua Tree, Death Valley e a reserva nacional de Mojave, como "um exemplo de arrogância legislativa".

Os republicanos gostam de urnas eletrônicas. O estado de Maryland está preocupado com uma possível fraude em suas urnas e portanto contratou a Science Applications International Corporation (Saic) para supervisionar as eleições. O ex-presidente da Saic e atual presidente de sua divisão VoteHere [Vote Aqui] é o almirante Bill Owens, antigo assistente militar de Dick Cheney.

Os republicanos não gostam dos caburés-ferrugem, apesar de só terem sobrado trinta deles, nem de baleias orcas, manatis da Flórida, panteras da Flórida ou das tartarugas marinhas.

Cindy Jacobs é uma republicana. Ela é a fundadora dos Generals of Intercession [Generais da Intercessão], uma organização dedicada a "conquistar nações para Cristo" por meio de uma "estratégia de oração ao estilo militar". Em 2002, Deus lhe disse que os EUA invadiriam o Iraque, e ela convocou um "encontro internacional de generais", em Washington, D.C. "Cada um de nós sentiu em seu coração que Deus quer tornar mais humildes o espírito do Islã e de Alá, seu deus, e que Deus está comandando o presidente Bush." Na reunião, de acordo com Jacobs, um dos generais disse que "ela estudara Jeremias 50:2, que diz: 'Dêem a notícia às nações; Avisem a todos; Dêem o sinal; E espalhem a novidade; Não deixem que ela fique em segredo; A Babilônia caiu; O seu deus Bel-Marduque está desesperado.' Algumas traduções da Bíblia dizem 'confuso', em vez de 'desesperado'.

Quando ela foi procurar pela palavra 'confuso', no seu léxico, descobríu que a palavra hebraica é 'Bush'! Ficamos boquiabertos com isso!"

Mickey Mouse é um republicano; 7,3 milhões de ações da Disney estão nas mãos do fundo de pensão do estado da Flórida, que é administrado por Jeb Bush. A Disney tem um acordo com o estado que lhe garante total controle, "livre da supervisão governamental", de mais de 40 mil acres de terra. Nos dias seguintes ao 11 de Setembro, o presidente pediu ao país para "ir até a Disney World na Flórida. Peguem suas famílias e curtam a vida". A Disney recusou-se a permitir que a sua divisão, Miramax, distribuísse o filme de Michael Moore, *Fahrenheit 9/11*.

Os republicanos estão lutando contra o terrorismo, mas o único terrorista verdadeiro capturado, acidentalmente, em solo norte-americano nunca foi mencionado nos 2.295 *press releases* de John Ashcroft e do Departamento de Justiça. William Krar, de Noonday, Texas, enviou, para um colega terrorista, um pacote com falsas credenciais da ONU, falsos cartões de identificação da Agência de Inteligência da Defesa, certidões de nascimento falsificadas e portes de armas federais falsificados. A agência dos correios entregou a encomenda em um endereço errado e quem recebeu avisou ao FBI. Na casa de Krar foram encontradas metralhadoras automáticas, bombas de controle remoto disfarçadas de pastas de negócios, sessenta bombas tubulares, 500 mil peças de munição, e cianureto de sódio suficiente, nas palavras do FBI, "para matar todo mundo dentro de um prédio de 9 mil metros quadrados". Krar, no entanto, é um defensor da supremacia branca, e não um muçulmano.

Os republicanos não gostam de eleições. Depois das eleições presidenciais de 2000, o Congresso aprovou uma verba de 4 bilhões de dólares para ajudar os estados a melhorarem os seus sistemas de votação para a eleição de 2004. Apenas uma pequena parte do dinheiro foi distribuída. O Congresso também criou uma comissão de assistência à eleição para supervisionar estas melhorias. Durante anos a Casa Branca atrasou a indicação de quaisquer membros ou a provisão dos fundos necessários. Em 2004, nomeou DeForest "Buster" Soaries Jr., um ministro de Nova Jersey, como diretor da comissão. Seu primeiro ato foi pedir ao Congresso uma legislação emergencial que desse à comissão o poder para cancelar as eleições, no caso de um ataque terrorista.

Deus é republicano. Ao discursar para um grupo de fazendeiros *amish*, o presidente lhes disse: "Deus fala através de mim."

Os republicanos têm senso histórico. Mitch McConnell, senador pelo Kentucky, quer trocar o retrato de Alexander Hamilton, na nota de 10 dólares, por um de Ronald Reagan. Dana Rohrabacher, congressista pela Califórnia, quer trocar Andrew Jackson, na nota de 20 dólares, por Ronald Reagan. Jeff Miller, congressista pela Flórida, quer trocar John Kennedy, na moeda de 50 *cents*, por Ronald Reagan. Mark Souder, congressista por Indiana, quer trocar Franklin Roosevelt, na moeda de 10 *cents*, por Ronald Reagan. Bill Frist, líder da maioria no Senado, quer trocar o nome do Pentágono para Prédio de Defesa Ronald Reagan. Grover Norquist, da Leave Us Alone Coalition [Coalizão Deixe-Nos em Paz] (cujas reuniões semanais são assistidas por representantes do presidente e do vice-presidente), e diretor do Ronald Reagan Legacy Project [Projeto pelo Legado de Ronald Reagan], quer colocar um monumento a Ronald Reagan em cada um dos 3 mil condados dos Estados Unidos. Matt Salmon, congressista pelo Arizona, quer que a cabeça de Ronald Reagan seja esculpida no monte Rushmore.

George W. Bush, presidente dos Estados Unidos, é um republicano. Para demonstrar o seu sacrifício pessoal e a sua determinação em vencer a Guerra contra o Terror, ele desistiu das sobremesas e dos doces alguns dias antes de anunciar a invasão do Iraque.

A LIBERDADE ESTÁ A CAMINHO

[23 de outubro de 2004]

Dentre as diversas coisas que o segundo mandato da junta de Bush trará consigo está a New Freedom Initiative [Iniciativa Nova Liberdade]. Esta é uma proposta, raramente anunciada pela imprensa, para dar a todos os norte-americanos — começando pelas crianças em idade escolar — um teste padronizado de doença mental. Àqueles que forem reprovados pelo teste serão prescritos tratamentos médicos, e aqueles que se recusarem a tomar seus medicamentos serão obrigados a terem-no implantado sob a pele. Não é nem preciso dizer que a Comissão Nova Liberdade, indicada pelo presidente, é composta quase que totalmente de executivos, advogados e lobistas das grandes indústrias farmacêuticas.

A questão é: será que alguém passará no teste? Metade dos Estados Unidos está claramente perturbada e isto tem levado a outra metade à loucura.

O presidente declara abertamente que Deus fala por meio dele. Os republicanos estão fazendo anúncios de televisão com o ator que interpretou Jesus no filme *A paixão de Cristo*, de Mel Gibson, ao mesmo tempo em que distribuem panfletos advertindo que, caso Kerry seja eleito, a Bíblia será proibida. Bispos católicos decretaram que votar em Kerry é um pecado (mortal ou venial?) que precisa ser confessado para que se possa comungar. O único trabalho de pesquisa científica promovido pelo governo atualmente é uma investigação para saber se a oração de terceiros pode curar o câncer de alguém. (O Instituto Nacional de Saúde explicou que isto é "imperativo", visto que os pobres têm acesso limitado aos tratamentos de saúde convencionais.) Na loja de presentes oficial do Parque Nacional do Grand Canyon vende-se um livro que declara que esta suposta maravilha da natureza já surgiu inteiramente pronta durante os seis dias da Criação. Nós já sabemos que o atual governo dos Estados Unidos não acredita no aquecimento global ou nos riscos da poluição; agora somos informados de que ele também não acredita na erosão.

As pesquisas de opinião são provas vivas de que o país sofre de uma pancada coletiva na cabeça. Em qualquer tema que se aborde — a economia, a guerra no Iraque, sistema de saúde — a maioria percebe que a situação é ruim e que o presidente a conduz pessimamente. Assim mesmo, estas mesmas pessoas, nestas mesmas pesquisas, também dizem que votarão em Bush. Como mulheres que apanham do marido — dando-se conta da situação, mas negando o que acontece, criando ainda por cima desculpas para os seus maridos —, os eleitores são governados pelo medo, pela intimidação e pela ameaça de que o pior ainda pode acontecer. Eles são surrados continuamente pelo fantasma do terrorismo.

A cada poucas semanas somos massacrados por advertências de que terroristas podem nos atacar em questão de dias. Incitados pelo Departamento de Segurança Interna, milhões já compraram fita isolante e folhas de plástico para proteger suas casas de ataques biológicos ou químicos, além de terem armazenado em lugar seguro comida enlatada e água em garrafa. Para garantir que qualquer um, em qualquer lugar, permaneça assustado, 10 mil agentes do FBI foram enviados a pequenas cidades para conversar com chefes de polícia locais sobre o que eles podem fazer para combater o terrorismo. Depois do massacre em Beslan, diretores de escola receberam cartas do Departamento de Educação, instruindo-os a tomar cuidado com estranhos. O vice-presidente entoa que, caso Kerry seja eleito, os terroristas explodirão bombas nucleares nas cidades. (E, para antecipar todas as possibilidades, também adverte que os terroristas podem começar a preparar bombas antes das eleições para influenciar o voto... mas nós não os deixaremos dizer aos norte-americanos em quem eles devem votar, não é?)

Os Estados Unidos já não se sentem mais como os Estados Unidos. O medo já contaminou até as transações mais comuns do cotidiano. Não são apenas os que visitam os EUA que são tratados como criminosos, tendo de deixar colher suas impressões digitais, sendo fotografados e tendo suas retinas escaneadas. Qualquer um que agora entre até no mais insignificante prédio de escritórios tem de ser submetido a um esquema de segurança digno de uma audiência com Donald Rumsfeld. Em aeroportos do interior, ouvem-se freqüentes anúncios que asseguram, em uma voz impessoal como nos filmes de ficção científica: "O Departamento de Segurança Interna informa que o alerta terrorista está, agora, [...] em código laranja." O medo de viajar foi trocado, atualmente, pelo medo do *check-in*. Quase todos os dias há histórias de pessoas presas ou detidas por atividades inócuas, como fotografar um amigo no metrô ou vestir um bóton antiguerra durante as compras no *shopping center*. E o pior de tudo, todo o país concordou com o mito da onipotência terrorista. Nem mesmo os que riem dos alertas de códigos coloridos e outros excessos do aparato antiterror questionam a própria necessidade de todo esse aparato. Afinal de contas, o Departamento de Segurança Interna foi uma proposta dos democratas, a princípio rejeitada por Bush.

O bom senso se retirou para os mosteiros de alguns poucos *websites*. É considerado enganoso sugerir que o terrorismo internacional não seja nada mais que uma atividade criminosa levada a cabo por um punhado de pessoas, que a al-Qaeda e os seus assemelhados sejam o Weather Underground, a Brigada Vermelha e o grupo Baader-Meinhof, com técnicas mais sofisticadas e armas mais poderosas, operando na era das notícias dos canais de televisão 24 horas. Eles não são um exército. Não estão combatendo uma guerra. São pequenos grupos perpetrando atos isolados de violência.

Não há dúvida de que são indivíduos perigosos, mas — sem querer diminuir os indeléveis traumas do 11 de Setembro e das explosões de Madri — o perigo que apresentam deve ser visto a partir de uma perspectiva desapaixonada. Um ataque terrorista é um desastre raro e súbito, o equivalente artificial de um terremoto ou uma enchente. Anualmente, mais pessoas morrem nos EUA se engasgando com comida do que morreram nas Torres Gêmeas. Cerca de 35 mil morrem, por ano, devido a ferimentos causados por armas de fogo. (Enquanto Bush revoga a proibição sobre armas de assalto, e tanto Bush quanto Kerry promovem a posse de armas de fogo, um manual da al-Qaeda recomenda que se viaje para os EUA para comprar armas.) Cerca de 45 mil pessoas morrem em acidentes de automóvel — enquanto o governo Bush abaixa os padrões de segurança dos automóveis, com o intuito de aumentar os lucros da indústria automobilística, que fez grandes doações para sua campanha à presidência. Milhões, é claro, morrem por doenças, e pode-se apenas imaginar como seria se os bilhões de dólares gastos com uma burocracia inútil e gigantesca, como, por exemplo, o Departamento de Segurança Interna, fossem direcionados para hospitais e pesquisas. Se o objetivo era genuinamente o de proteger vidas, combater o terrorismo seria um assunto sério para a polícia e as agências do serviço secreto, e um pequeno projeto para o bem-estar do país.

Compare, por um momento, com a Espanha. Depois das explosões de Madri, a polícia, em poucos dias, prendeu os responsáveis. (Depois do 11 de Setembro, os EUA detiveram mais de 5 mil pessoas — muitas das quais ainda estão presas, sem que se tenha provado qualquer ligação delas com alguma forma de atividade terrorista.) A Espanha não reduziu o Marrocos a cinzas. Ela está, pouco a pouco, aumentando a vigilância da polícia, sem pânicos nacionais causados por alertas contra o terror, e com praticamente nenhuma interrupção da vida cotidiana. E, geográfica, demográfica e historicamente (o sonho fundamentalista de reconquistar al-Andalus), há uma possibilidade muito maior de um outro ataque terrorista na Espanha do que nos EUA.

Mas é claro que a atual "Guerra contra o Terrorismo" não é travada para salvar vidas, mas sim para que se possa manter o poder concentrado nas mãos de uma pequena célula de ideólogos. Da mesma maneira que em todas as sociedades totalitárias, a junta de Bush, com a ajuda alegre e complacente dos meios de comunicação de massa, exagera enormemente o poder do inimigo. Isso lhes tem permitido lutar uma guerra no Iraque que começou a ser planejada bem antes do 11 de Setembro e a planejar mais invasões, suspender direitos constitucionais e desdenhar o direito internacional, além de enriquecer seus amigos e ignorar as opiniões do resto do mundo. Muitos norte-americanos que não gostam de Bush votarão nele em novembro, porque a campanha de *marketing* o faz parecer um resoluto comandante-em-chefe em "tempos de guerra", que manterá o país "são e salvo". É inútil tentar argumentar que a guerra contra o terror não existe, que a guerra, de fato, no Iraque não tem nada a ver com a segurança dos norte-americanos em casa e que, no exterior, ela já matou ou aleijou muito mais norte-americanos do que o 11 de Setembro. Ainda falta saber qual será o preço que o país e o mundo pagarão por esta fantasia.

Um "consultor sênior" de Bush, cujo nome não foi revelado, declarou recentemente ao jornalista Ron Suskind que pessoas como Suskind eram membros "do que nós chamamos de comunidade baseada na realidade": aqueles que "acreditam que as soluções emergem do estudo judicioso da realidade discernível". Contudo, ele explicou, "esta não é mais a forma através da qual o mundo realmente funciona. Nós somos um império agora e, quando agimos, criamos nossa própria realidade. E, enquanto você estiver estudando esta realidade [...] agiremos mais uma vez, criando outras novas realidades, que você poderá analisar também, e é assim que se organizam as coisas. Somos os atores da história, e você, todos vocês, serão encarregados apenas de estudar o que fazemos".

Isto pode muito bem ser a expressão mais clara até o momento da doutrina Bush. Ficar com raiva dos detalhes particulares — o massacre diário no Iraque, as torturas nas prisões, a pior economia desde a Grande Depressão, as trapaças e as difamações da campanha eleitoral — é errar o alvo. Nós não estamos mais em uma "realidade discernível". No segundo mandato, a única escolha será fazer fila para pegar o seu remédio e aproveitar a Nova Liberdade. Como Bush diz atualmente em todo discurso: "A liberdade está a caminho."

O QUE OUVI SOBRE O IRAQUE

[12 de janeiro de 2005]

Em 1992, um ano depois da primeira Guerra do Golfo, eu ouvi Dick Cheney, então secretário de Defesa, dizer que os EUA tinham sido sábios ao não invadir Bagdá e "se atolar nas dificuldades de tentar assumir e governar o Iraque". Eu o ouvi dizer: "A pergunta em minha mente é: Saddam vale quantas baixas norte-americanas adicionais? E a resposta é: ele não vale nenhuma."

Em fevereiro de 2001, ouvi Colin Powell declarar que Saddam Hussein "não desenvolveu nenhuma capacidade significativa no que diz respeito a armas de destruição em massa. Ele está incapacitado para mobilizar poder convencional contra os seus inimigos".

Naquele mesmo mês, ouvi um relatório da CIA afirmar: "Não temos nenhuma prova conclusiva de que o Iraque tenha usado o período desde a operação Raposa do Deserto para reconstruir os seus programas de armas de destruição em massa."

Em julho de 2001, ouvi Condoleezza Rice dizer: "Nós podemos mantê-lo longe de suas armas. Suas forças militares não foram reconstruídas."

Em 11 de setembro de 2001, seis horas depois dos ataques, ouvi Donald Rumsfeld dizer que isso poderia ser uma oportunidade para "bater" no Iraque. Ouvi-o dizer: "Vamos maciçamente. Vamos destruir tudo. O que tiver relação e o que não tiver."

Ouvi dizer que Condoleezza Rice perguntou: "Como capitalizar em cima dessas oportunidades?"

Ouvi dizer que, em 17 de setembro, o presidente assinou um documento dito "ULTRA-SECRETO" em que mandava o Pentágono começar a planejar a invasão e que, alguns meses mais tarde, ele secreta e ilegalmente desviou 700 milhões de dólares, que haviam sido aprovados pelo Congresso para operações no Afeganistão, para poder se preparar para a nova frente de batalha.

Em fevereiro de 2002, ouvi dizer que um "comandante militar da alta hierarquia", cujo nome não foi revelado, afirmou: "Nós estamos deslocando pessoal militar e de inteligência e recursos para fora do Afeganistão para nos prepararmos para uma futura guerra no Iraque."

Ouvi o presidente declarar que o Iraque é "uma ameaça de urgência única" e que não há "dúvida de que o regime iraquiano continua a possuir as armas mais letais jamais construídas".

Ouvi o vice-presidente dizer: "Em poucas palavras, não há dúvida de que Saddam Hussein agora tem armas de destruição em massa."

Ouvi o presidente falar ao Congresso: "O perigo para o nosso país é grave. O perigo para o nosso país está crescendo. O regime está buscando uma bomba nuclear, e com material físsil, poderia construir uma dentro de um ano."

Ouvi-o dizer: "Os perigos que enfrentamos só piorarão, mês a mês e ano a ano. Ignorar estas ameaças é encorajá-las. E quando elas tiverem se materializado totalmente pode ser muito tarde para nos proteger e aos nossos amigos e aliados. Até lá, o ditador do Iraque já teria os meios para aterrorizar e dominar a região. Cada novo dia pode ser aquele no qual o regime iraquiano dará antraz ou VX — gás asfixiante que afeta o sistema nervoso — ou, algum dia, uma arma nuclear para algum terrorista aliado."

Ouvi o presidente, no seu discurso de prestação de contas à nação, dizer que o Iraque estava escondendo 25 mil litros de antraz, 38 mil litros de toxinas de bactérias botuliformes e 500 toneladas de gás sarin, mostarda e gás asfixiante.

Ouvi o presidente dizer que o Iraque tentou comprar urânio — mais tarde especificado como óxido de urânio *yellowcake* da Nigéria — e milhares de tubos de alumínio "adequados para a produção de armas nucleares".

Ouvi o vice-presidente dizer: "Nós sabemos que ele tem se devotado totalmente a tentar adquirir armas nucleares e acreditamos que ele conseguiu, de fato, armas nucleares reconstituídas."

Ouvi o presidente declarar: "Imagine aqueles 19 seqüestradores com outras armas e outros planos — desta vez, armados por Saddam Hussein. Bastaria que apenas um frasco, uma lata, um engradado entrasse furtivamente neste país para causar um dia de horror como jamais vimos antes."

Ouvi Donald Rumsfeld dizer: "Alguns argumentam que a ameaça nuclear do Iraque não é iminente. Eu não teria tanta certeza disso."

Ouvi o presidente dizer: "Os Estados Unidos não podem ignorar as ameaças que se acumulam contra nós. Ao enfrentarmos provas claras de perigo, não podemos esperar até a prova decisiva — a arma fumegante — que poderá vir como uma nuvem em forma de cogumelo."

Ouvi Condoleezza Rice dizer: "Nós não queremos que a arma fumegante seja uma nuvem em forma de cogumelo."

Ouvi o embaixador dos Estados Unidos na União Européia falar aos europeus: "Vocês tiveram Hitler na Europa e ninguém realmente fez nada contra ele. O mesmo tipo de pessoa está em Bagdá."

Ouvi Colin Powell dizer nas Nações Unidas: "Eles podem produzir agente biológico seco suficiente para, em um mês, matar milhares e milhares de pessoas. Saddam Hussein nunca prestou contas da enorme quantidade de armamento químico: 550 projéteis com gás mostarda, 30 mil munições vazias e material o bastante para aumentar os seus estoques para até 500 toneladas de agentes químicos. Nossa estimativa conservadora é de que o Iraque tenha atualmente em estoque entre 100 e 500 toneladas de agentes para armas químicas. Mesmo a estimativa mais baixa capacitaria Saddam Hussein a causar grandes baixas espalhadas em um território de mais de 60 quilômetros, uma área quase cinco vezes o tamanho de Manhattan."

Ouvi-o dizer: "Cada declaração que faço hoje é baseada em fontes, fontes sólidas. Não são apenas proposições. O que estamos passando para vocês são fatos e conclusões baseados em inteligência sólida."

Ouvi o presidente declarar que "o Iraque tem uma frota crescente de veículos aéreos, tripulados e não tripulados, que poderiam ser usados para dispersar armas químicas ou biológicas através de vastas áreas". Ouvi-o dizer que o Iraque "poderia lançar um ataque biológico ou químico em menos de 45 minutos após a ordem ser dada".

Ouvi Tony Blair dizer: "Pedem-nos para aceitar que Saddam decidiu destruir essas armas. Eu digo que esta reivindicação é simplesmente absurda."

Ouvi o presidente declarar: "Nós sabemos que o Iraque e a al-Qaeda têm contatos de alto nível já há uma década. Nós descobrimos que o Iraque treinou membros da al-Qaeda na fabricação de bombas e no uso de venenos e gases mortais. A aliança com terroristas poderá permitir ao regime iraquiano atacar os Estados Unidos sem deixar nenhuma impressão digital."

Ouvi o vice-presidente dizer: "Existem provas abundantes de que havia uma conexão entre a al-Qaeda e o governo iraquiano. Tenho absoluta certeza de que há uma relação estabelecida aí."

Ouvi Colin Powell declarar: "Funcionários iraquianos negam as acusações de ligação com a al-Qaeda. Estas negativas simplesmente não são críveis."

Ouvi Condoleezza Rice dizer: "Existem, claramente, contatos entre a al-Qaeda e Saddam Hussein que podem ser documentados."

Ouvi o presidente dizer: "Não se pode distinguir entre a al-Qaeda e Saddam Hussein."

Ouvi Donald Rumsfeld dizer: "Imagine um 11 de Setembro com armas de destruição em massa. Não serão 3 mil — serão dezenas de milhares de homens, mulheres e crianças inocentes."

Ouvi Colin Powell falar ao Senado que "um momento de verdade está a caminho": "Isto não é apenas um exercício acadêmico ou os Estados Unidos se sentindo melindrados. Nós estamos falando sobre armas reais. Estamos falando sobre antraz. Estamos falando sobre toxinas botuliformes. Estamos falando sobre programas de armas nucleares."

Ouvi Donald Rumsfeld dizer: "Nenhum Estado terrorista apresenta ameaça maior ou mais imediata à segurança de nosso povo."

Ouvi o presidente, "cheio de irritação", dizer: "Esse negócio sobre o tempo, de quanto tempo nós precisamos para ver claramente que ele não está se desarmando? Ele está enrolando. Está enganando. Pedindo tempo. Brincando de esconde-esconde com os inspetores. Uma coisa é certa, ele não está se desarmando. Certamente os nossos amigos aprenderam as lições do passado. Isto parece uma reprise de um filme ruim e eu não estou nem um pouco interessado em assisti-lo."

Ouvi que, poucos dias antes de autorizar a invasão do Iraque, o Senado foi informado, através de um *briefing* confidencial do Pentágono, de que o Iraque poderia lançar antraz e outras armas químicas e biológicas sobre a costa leste dos Estados Unidos usando "aviões teleguiados".

Ouvi Donald Rumsfeld dizer que não nos apresentaria nenhuma prova específica das armas de destruição em massa iraquianas porque isso poderia pôr em risco a missão militar ao revelar para Bagdá o que os Estados Unidos sabem.

◆ ◆ ◆

Ouvi o porta-voz do Pentágono chamar o plano militar de "Dia-A" ou "Choque e Terror". Três ou quatro centenas de mísseis cruzeiros lançados todos os dias, até que "não haja nenhum lugar seguro em Bagdá", até que "se tenha este efeito simultâneo, um pouco parecido com a bomba atômica em Hiroshima, não em dias ou semanas, mas em minutos". Ouvi o porta-voz falar: "Você está sentado em Bagdá e num piscar de olhos você é o general e trinta dos quartéis-generais de sua divisão são aniquilados. Você também derruba a cidade. Com isso quero dizer que você se livra da eletricidade e da água deles. Em dois, três, quatro ou cinco dias eles estão exaustos física, emocional e psicologicamente." Ouvi-o dizer: "Algo desse tamanho nunca foi visto antes, nunca foi contemplado."

Ouvi o general-de-divisão Charles Swannack prometer que suas tropas "usariam uma marreta para esmagar uma noz".

Ouvi o porta-voz do Pentágono dizer: "Isto não será a Guerra do Golfo Pérsico do seu pai."

Ouvi que a estratégia de Saddam contra a invasão norte-americana seria explodir represas, pontes e campos de petróleo; e cortar o fornecimento de alimentos para o sul, fazendo com que os norte-americanos, de uma hora para outra, tivessem de alimentar milhões de civis desesperados. Ouvi que Bagdá estaria cercada por dois anéis compostos pelas tropas de elite da Guarda Republicana em posições de combate, já providas de armas e suprimentos e equipadas com roupas quimicamente protegidas contra o gás venenoso e as armas biológicas que usariam contra os soldados norte-americanos.

Ouvi o vice-almirante Lowell Jacoby dizer ao Congresso que Saddam "empregaria uma estratégia de 'terra arrasada', destruindo alimentos, transporte, energia e outras infra-estruturas, na tentativa de se criar um desastre humanitário", e que ele poria a culpa de tudo nos norte-americanos.

Ouvi que o Iraque lançaria contra Israel seus mísseis Scud de longo alcance, armados com ogivas químicas ou biológicas, para "retratar a guerra como uma batalha contra uma coalizão entre os Estados Unidos e Israel e, desta forma, conseguir angariar apoio dentro do mundo árabe".

Ouvi que Saddam tinha casamatas subterrâneas sofisticadas e labirínticas para sua proteção e que talvez fosse necessário empregar bombas nucleares B-61 Mod 11 "destruidoras de *bunkers*" para explodi-las.

Ouvi o vice-presidente dizer que a guerra acabaria em "semanas em vez de meses".

Ouvi Donald Rumsfeld declarar: "Poderia durar seis dias, seis semanas. Duvido que seis meses."

Ouvi Donald Rumsfeld dizer que "não havia dúvidas" de que os soldados norte-americanos seriam "bem-vindos": "Pensem no Afeganistão, as pessoas estavam nas ruas, tocando música, comemorando, soltando pipas e fazendo todas as coisas que os talibãs e a al-Qaeda não as deixavam fazer."

Ouvi o vice-presidente dizer: "O professor Fouad Ajami, especialista em Oriente Médio prevê que, depois da libertação, as ruas em Basra e Bagdá irão 'certamente explodir de alegria' Os extremistas na região terão de repensar suas estratégias de *jihad.* Os moderados por toda a região recobrarão ânimo. E nossa capacidade de fazer avançar o processo de paz entre Israel e os palestinos será favorecida."

Ouvi o vice-presidente declarar: "Eu realmente acredito que seremos saudados como libertadores."

Ouvi Tariq Aziz, o ministro das Relações Exteriores iraquiano, declarar: "Os soldados dos Estados Unidos não serão recebidos com flores. Serão recebidos a bala."

Ouvi que o presidente disse ao tele-evangelista Pat Robertson: "Oh, nós não teremos nenhuma baixa."

Ouvi o presidente dizer que não consultara o pai a respeito da guerra vindoura: "Vocês sabem, ele é o pai errado a se apelar no que diz respeito a força. Existe um pai mais alto a quem eu apelo."

Ouvi o primeiro-ministro das Ilhas Salomão expressar surpresa ao saber que o seu país estava entre os listados na Coalizão dos Voluntários: "Eu não sabia nada disso."

Ouvi o presidente dizer ao povo iraquiano, na noite anterior ao início da invasão: "Se nós devemos começar uma campanha militar, será dirigida àqueles homens sem lei que governam o seu país e não a vocês. Enquanto a nossa Coalizão tira-lhes o poder, distribuiremos a comida e os medicamentos de que vocês precisam. Destruiremos o aparato do terror. E ajudaremos vocês a construir um novo Iraque próspero e livre. Em um Iraque livre, não existirão mais guerras de agressão contra os seus vizinhos, não existirão mais fábricas de venenos, nem execuções de dissidentes, nem câmaras de tortura e salas de estupro. O tirano logo terá ido embora. O dia da libertação está próximo."

Ouvi-o dizendo à população iraquiana: "Não descansaremos até o seu país ser libertado."

◆ ◆ ◆

Ouvi o vice-presidente dizer: "Segundo qualquer padrão, até mesmo o dos mais impressionantes ataques da história militar — os alemães, em Ardennes, na primavera de 1940, ou a disparada de Patton, em julho de 1944 —, a atual corrida rumo a Bagdá não tem precedentes no que diz respeito a velocidade, ousadia e número reduzido de baixas."

Ouvi o porta-voz do Pentágono dizer que 95% das baixas no Iraque foram de "homens em idade militar".

Ouvi um funcionário do Crescente Vermelho declarar: "Em apenas um trecho de auto-estrada, havia mais de cinqüenta carros civis, cada um com quatro ou cinco pessoas incineradas dentro, e todos ficaram torrando ao sol por dez ou 15 dias antes que fossem enterrados, nos arredores, por voluntários. E é isso o que os seus parentes encontrarão quando vierem. A guerra é má, mas as suas sobras são ainda piores."

Ouvi o diretor de um hospital em Bagdá dizer: "O hospital inteiro é uma sala de emergências. A natureza dos ferimentos é extremamente grave — um corpo sem cabeça, uma pessoa com o abdome aberto." Ouvi-o falar: "Os seres humanos são extremamente frágeis em face destes armamentos de guerra."

Ouvi um soldado norte-americano dizer: "Há um retrato do World Trade Center pendurado sobre a minha cama e eu guardo um no meu *kevlar* [colete antibala]. Toda vez que me sinto triste por estas pessoas, eu olho para ele. E penso: 'eles nos atacaram em casa, mas agora é a nossa vez.'"

Ouvi falar de Hashim, um adolescente de 15 anos, gordo, "dolorosamente tímido", que gostava de ficar sentado, por horas, perto do rio, com a sua gaiola de passarinho, e que levou um tiro de alguém da quarta divisão de infantaria durante um ataque-surpresa à sua cidade. Perguntado sobre os detalhes da morte do garoto, o comandante da divisão declarou: "Essa pessoa estava, provavelmente, no lugar errado, na hora errada."

Ouvi um soldado norte-americano dizer: "Nós somos apedrejados por crianças. Você fica querendo fazer meia-volta e chutar um dos pequenos filhos-da-puta, mas sabe que não pode fazer isso."

Ouvi o porta-voz do Pentágono declarar que os EUA não contabilizavam as baixas civis: "Nossos esforços estão concentrados em destruir as capacidades do inimigo, então nunca miramos em civis e, portanto, não há razão para tentarmos contabilizar estas mortes acidentais." Ouvi-o dizer que, de qualquer modo, seria impossível, porque os paramilitares iraquianos estavam lutando em trajes civis, os militares, usando escudos humanos civis, e muitas das mortes de civis foram resultado "da volta à terra dos disparos antiaéreos iraquianos a esmo".

Ouvi um soldado norte-americano dizer: "A pior coisa é chutar algum deles e depois ir socorrê-lo", como manda o regulamento. "Merda, eu não socorri nenhum deles. Eu não ajudaria esses filhos-da-puta. Havia alguns que você deixava morrer. E outros, você acertava de novo. Quando você atingia o objetivo, e quando você já tinha atirado neles e estava seguindo adiante, qualquer coisa que visse, você atirava mais uma vez. Você não ia querer fazer nenhum prisioneiro de guerra."

Ouvi Anmar Uday, o médico que tratou a soldado Jessica Lynch, dizer: "Nós ouvimos os helicópteros. Ficamos surpresos. Por que fazer isso? Não havia nenhum militar. Não havia nenhum soldado nos hospitais. Era como um filme de Hollywood. Eles gritavam 'vão, vão, vão', com armas e sinalizadores, mais o som de explosões. Eles fizeram um espetáculo — um filme de ação como Sylvester Stallone ou

Jackie Chan, com pulos, gritos e arrombamento de portas. Todo o tempo com as câmeras ligadas."

Ouvi a soldado Jessica Lynch declarar: "Eles me usaram como um meio de simbolizar todas essas coisas. Machuca pelo jeito que as pessoas inventam histórias sobre as quais elas não têm nenhum conhecimento." Ouvi-a dizer, sobre as histórias de que ela havia rechaçado seus captores e, no processo, sofrido ferimentos de tiros e facadas: "Eu não quero receber créditos por uma coisa que não fiz." Ouvi-a dizer, a respeito do seu "resgate" dramático: "Eu não acho que tenha acontecido dessa forma."

Ouvi a Cruz Vermelha dizer que as baixas em Bagdá foram tão altas que os hospitais pararam de contabilizá-las.

Ouvi um senhor de idade dizer, depois que 11 membros de sua família — filhos e netos — foram mortos, quando um tanque de guerra explodiu sua minivan: "Nosso lar é um lugar vazio. Nós que ficamos somos como animais selvagens. Tudo o que podemos fazer é gritar."

Enquanto os tumultos e saques irrompiam, ouvi um homem, em um mercado de Bagdá, declarar: "O maior crime de Saddam Hussein foi trazer o Exército norte-americano para o Iraque."

Enquanto os tumultos e saques irrompiam, ouvi Donald Rumsfeld declarar: "Está uma desordem e a liberdade é uma desordem."

Ouvi-o dizer: "Peguei um jornal hoje e não pude acreditar. Li oito manchetes que falavam sobre caos, violência e tumulto. Nunca vi nada igual! E aqui está um país que foi libertado, aqui está um povo que estava vivendo a condição de dominado, que estava sendo mantido sob o jugo de um ditador violento e agora está livre de tudo. E as coisas que este jornal podia fazer, com oito ou dez manchetes, eles mostraram um homem sangrando, um civil em quem, segundo eles, nós atiramos — uma coisa depois da outra. É simplesmente inacreditável."

E quando o Museu Nacional foi esvaziado e a Biblioteca Nacional incendiada, ouvi Donald Rumsfeld declarar: "As imagens que vocês vêem na televisão, que vocês vêem repetidas e repetidas vezes, e é a mesma imagem de uma pessoa saindo de um prédio com um vaso, mas vocês vêem vinte vezes e pensam: 'Meu Deus, havia por lá tantos vasos? Será possível que haja tantos vasos em todo o país?'"

Ouvi dizer que 10 mil civis iraquianos foram mortos.

◆ ◆ ◆

Ouvi Colin Powell declarar: "Tenho absoluta certeza de que há armas de destruição em massa lá e que a prova virá. Nós estamos chegando perto de consegui-la."

Ouvi o presidente declarar: "Nós a encontraremos. É apenas uma questão de tempo."

Ouvi Donald Rumsfeld dizer: "Nós sabemos onde elas estão. Elas estão na área entre Tikrit e Bagdá, um pouco ao leste, oeste, sul e norte."

Ouvi que os EUA construiram 14 "bases permanentes", capazes de abrigar 110 mil soldados, e ouvi o general-de-brigada Mark Kimmit chamá-las de "um projeto de como poderíamos agir no Oriente Médio". Ouvi que os EUA estavam construindo a sua maior embaixada em todo o mundo.

Ouvi que era apenas uma questão de meses até que a Starbuck's e o McDonald's abrissem filiais em Bagdá. Ouvi que o banco HSBC teria caixas eletrônicos espalhados por todo o país.

Ouvi sobre as feiras de comércio administradas pela New Brigades Strategies, uma empresa de consultoria que prometia acesso ao mercado iraquiano. Ouvi um de seus sócios declarar: "Obter os direitos de distribuir produtos da Proctor & Gamble pode ser uma mina de ouro. Uma loja da 7-Eleven bem abastecida pode derrubar umas trinta lojas iraquianas. Uma Wal-Mart poderia tomar conta do país."

Em 1 de maio de 2003, ouvi o presidente, vestido como um piloto, sob uma faixa na qual se lia "Missão Cumprida", declarar que as operações de combate estavam terminadas: "A batalha do Iraque é uma vitória na guerra contra o terror que começou no dia 11 de setembro de 2001." Ouvi-o dizer: "A libertação do Iraque é um avanço crucial na campanha contra o terror. Nós eliminamos um aliado da al-Qaeda e cortamos uma fonte de financiamento para o terrorismo. E pelo menos isto é certo: nenhuma rede terrorista obterá armas de destruição em massa do regime iraquiano, porque este não existe mais. Nestes 19 meses que mudaram o mundo, as nossas ações foram direcionadas, deliberadas e proporcionais à ofensa. Não nos esquecemos das vítimas do 11 de Setembro — um último telefonema, o assassinato frio de crianças e as buscas nos destroços. Com esses ataques, os terroristas e seus partidários declararam guerra aos Estados Unidos. E guerra é o que eles tiveram."

Em 1 de maio de 2003, ouvi que 140 soldados norte-americanos tombaram em combate no Iraque.

Ouvi Richard Perle dizer aos norte-americanos que "relaxassem e celebrassem a vitória". Ouvi-o dizer: "As previsões daqueles que se opuseram a esta guerra podem ser descartadas como cartuchos de munição usados."

Ouvi o general-de-divisão Jay Garner dizer: "Nós devemos nos olhar no espelho, ficar orgulhosos, estufar o peito, contrair a barriga e afirmar: 'Que ótimo, nós somos americanos.'"

E mais tarde ouvi que eu poderia comprar um boneco articulado de 30 centímetros do "aviador da Força de Elite, George W. Bush": "Exato nos detalhes e totalmente equipado com acessórios autênticos, este boneco edição-limitada é uma recriação meticulosa, em escala, 1:6, da aparição do comandante-em-chefe durante o seu histórico pouso em um porta-aviões. Este boneco totalmente articulado tem uma cabeça com feições realistas, traje de vôo de tecido com todos os detalhes, capacete com máscara de oxigênio, colete salva-vidas, macacão pressurizado, equipamento de pára-quedas e muito mais."

Em fevereiro de 2003, um mês antes da invasão, ouvi o general Eric Shinseki dizer ao Congresso que "várias centenas de milhares de soldados" seriam necessários para se ocupar o Iraque. Ouvi quando ele foi ridicularizado por Paul Wolfowitz por estar "totalmente por fora". Ouvi que o secretário do Exército, Thomas White, um ex-general, foi demitido por ter concordado com Shinseki. Em maio de 2003, ouvi a previsão dos estrategistas do Pentágono de que o número de soldados cairia para 30 mil até o final do verão.

◆ ◆ ◆

Ouvi que o primeiro ato de Paul Bremer como diretor da Autoridade Provisória da Coalizão foi demitir todos os membros seniores do Partido Baath, incluindo 100 mil funcionários públicos, policiais, professores e médicos, e dispensar todos os 400 mil soldados do exército iraquiano sem pagamento ou aposentadoria. Dois milhões de pessoas eram dependentes dessa renda. Como os Estados Unidos apóiam a propriedade privada de armas de fogo, os soldados foram autorizados a ficar com as suas armas.

Ouvi que, só em Bagdá, centenas de pessoas estavam sendo seqüestradas e estupradas; que escolas, hospitais, lojas e fábricas estavam sendo saqueadas; que era impossível restabelecer a energia elétrica porque toda a fiação de cobre fora roubada das usinas elétricas.

Ouvi Paul Bremer dizer: "A maior parte do país está, de fato, disciplinada", e que todos os problemas eram causados por "algumas centenas de terroristas linha-dura" da al-Qaeda e grupos afiliados.

Quando os ataques a soldados norte-americanos aumentaram, ouvi os generais discordarem sobre quem estava lutando: fundamentalistas islâmicos, remanescentes do Partido Baath, mercenários iraquianos, mercenários estrangeiros ou cidadãos comuns buscando vingança pela perda de pessoas amadas. Ouvi o presidente, o vice-presidente, os políticos e os repórteres da televisão chamarem-nos, simplesmente, "terroristas".

Ouvi o presidente dizer: "Há alguns que sentem que as condições são tais que eles podem nos atacar. A minha resposta é: traga-os para nós! Temos a força necessária para lidar com a situação."

Ouvi que 25 mil civis iraquianos foram mortos.

Ouvi Arnold Schwarzenegger, na ocasião em campanha para governador da Califórnia, e em Bagdá por conta de uma sessão especial para os soldados do filme *Exterminador do futuro 3*, dizer: "É realmente selvagem dirigir este lugar, estou falando da pobreza, e você vê que não há dinheiro, é financeiramente um desastre, e ainda tem o vácuo de liderança, bem parecido com a Califórnia."

Ouvi que o Exército estava cercando vilarejos inteiros de arame farpado, com placas onde se liam: "Esta cerca está aqui para a sua proteção. Não se aproxime ou tente cruzar ou você será morto a tiros." Em um desses vilarejos, ouvi um homem chamado Tariq dizer: "Eu não vejo nenhuma diferença entre nós e os palestinos."

Ouvi o capitão Todd Brown dizer: "Você tem de entender a mente árabe. A única coisa que eles entendem é a força — força, orgulho e livrar a cara."

Ouvi que os EUA haviam destinado, como "um presente do povo americano para o povo iraquiano", 18,4 bilhões de dólares para a reconstrução de infra-estrutura básica, mas que o futuro governo iraquiano não poderá interferir em como o dinheiro será gasto. Ouvi que a economia fora aberta à propriedade estrangeira e que isso não poderá ser mudado. Ouvi que o Exército iraquiano ficaria sob o comando dos EUA e que isso não poderá ser mudado. Mas, no entanto, ouvi que a "autoridade completa" sobre a saúde e os hospitais fora devolvida aos iraquianos e que os consultores de saúde seniores norte-americanos foram retirados. Ouvi Tommy Thompson, secretário de Saúde e Serviços Humanos, dizer que os hospitais iraquianos ficariam bem se os iraquianos "apenas lavassem as mãos e limpassem a sujeira das paredes".

Ouvi o coronel Nathan Sassaman dizer: "Com uma alta dose de medo e de violência, e muito dinheiro para projetos, acho que poderemos convencer estas pessoas de que estamos aqui para ajudá-las."

Ouvi Richard Perle dizer: "No ano que vem, por volta desta data, espero que haja um comércio realmente florescente na região e que vejamos um rápido desenvolvimento econômico. E daqui a um ano, estarei muito surpreso se não houver uma grande praça, em Bagdá, com o nome de Presidente Bush."

◆ ◆ ◆

Ouvi sobre a Operação Ciclone de Hera. Ouvi sobre a Operação Resolução Vigilante. Ouvi sobre a Operação Pedra de Plymouth. Ouvi sobre a Operação Martelo de Ferro, o seu nome tirado de *Eisenhammer*, o plano nazista para destruir as usinas de energia soviéticas.

Ouvi que o regulamento da força aérea exige que qualquer ataque aéreo que possa vir a resultar na morte de mais do que trinta civis tem de ser aprovado pessoalmente pelo secretário de Defesa, e ouvi que Donald Rumsfeld aprovou todas as propostas.

Ouvi um coronel dos fuzileiros navais declarar: "Nós jogamos napalm naquelas pontes. Infelizmente havia pessoas lá. Não é uma boa forma de morrer."

Ouvi um fuzileiro naval descrever a "checagem de mortos": "Eles nos ensinam a fazer a checagem dos mortos quando estamos desobstruindo salas. Você põe duas balas no peito do sujeito e uma no cérebro. Mas quando você entra numa sala onde há pessoas feridas, você pode não saber se as pessoas estão vivas ou mortas. Aí eles ensinam a gente a fazer a checagem dos mortos pressionando, com a bota, o olho da pessoa, porque ela geralmente, mesmo se estiver se fingindo de morta, irá se encolher se você cutucá-la assim. Se ela se mover, você dá um tiro na cabeça dela. Você faz isso para manter a pressão enquanto circula dentro de um prédio. Você não vai querer ninguém atirando em você pelas costas."

Ouvi o presidente dizer: "Nós estamos fazendo a ameaça terrorista recuar, não a partir de suas margens de influência, mas a partir do seu centro de poder."

Quando o número de mortos de soldados norte-americanos chegou a quinhentos, ouvi o general-de-brigada Kimmitt dizer: "Eu não acho que os soldados olham para números arbitrários, como a contagem das baixas, como barômetros do seu moral. Eles sabem que têm uma nação que os apóia."

Ouvi um soldado norte-americano, de pé, próximo ao seu Humvee, declarar: "Nós libertamos o Iraque. Agora o povo daqui não quer mais a gente e, adivinha o quê? Nós também não queremos ficar por aqui. Então por que ainda estamos aqui? Por que não nos levam de volta para casa?"

Ouvi Colin Powell dizer: "Nós não esperávamos que pudesse ser tão intenso e tão longo."

Ouvi Donald Rumsfeld dizer: "Estamos diante de um teste de resistência."

Ouvi o presidente dizer: "Nós achamos laboratórios biológicos. Eles são ilegais. São contrários à resolução da Organização das Nações Unidas e até agora já descobrimos dois. E encontraremos mais armas, com o passar do tempo. Mas para aqueles que dizem que não encontramos projetos de fabricação ou armas proibidas, eles estão errados, nós os encontramos."

Ouvi Tony Blair dizer: "Os restos de 400 mil seres humanos foram encontrados em sepulturas coletivas." E vi suas palavras repetidas em um panfleto do governo dos EUA, *Iraq's Legacy of Terror: Mass Graves* [O legado do terror iraquiano: as sepulturas coletivas], e no *website* do governo dos EUA, que dizia que isso representa "um crime contra a humanidade só ultrapassado pelo genocídio de 1994, em Ruanda, nos campos da morte cambojanos de Pol Pot, nos anos 1970, e no holocausto nazista da Segunda Guerra Mundial".

◆ ◆ ◆

Ouvi o presidente dizer: "Hoje, de joelhos, eu agradeço ao bom Deus por proteger os nossos soldados no estrangeiro, os soldados da nossa coalizão e os iraquianos inocentes que sofrem, vítimas dessas matanças sem sentido, levadas a cabo por pessoas que tentam abalar a nossa vontade."

Ouvi dizer que este foi o primeiro presidente dos Estados Unidos que, em tempo de guerra, não participou de nenhum enterro de soldado norte-americano. Ouvi que as fotografias dos caixões cobertos com a bandeira a caminho de casa estavam proibidas. Ouvi que o Pentágono mudou o nome dos "body bags" [sacos para corpos] para "transfer tubes" [tubos de transferência].

Ouvi um choroso George Bush Pai, discursando na convenção anual da Associação Nacional das Petroquímicas e Refinadoras, declarar que era "profundamente ofensiva e desprezível" a maneira pela qual "as elites e os intelectuais" estavam rejeitando "a disseminação das sementes das liberdades básicas naquela parte problemática do mundo". Ouvi-o dizer: "Machuca muito mais ainda quando é o seu filho que é o alvo das críticas."

Ouvi a mãe do presidente declarar: "Por que deveríamos ouvir sobre corpos em sacos e mortes? Por que eu deveria gastar a minha bela cabecinha com algo assim?"

Ouvi que 7% das mortes de militares norte-americanos no Iraque foram suicídios, que 10% dos soldados mandados para o hospital militar de Landstuhl, na Alemanha, foram para lá por causa de "problemas psiquiátricos ou comportamentais" e que era esperado que 20% do pessoal militar viessem a sofrer de transtorno de estresse pós-traumático.

Ouvi o general-de-brigada negar que civis estavam sendo mortos: "Nós executamos operações extremamente precisas."

Ouvi Donald Rumsfeld dizer que os combates eram apenas resultado do trabalho de "bandidos, gangues e terroristas".

Ouvi o general Richard Myers declarar: "Isso não é um levante xiita. Moktda al-Sadr tem muito poucos seguidores." Ouvi que um "agente de inteligência" não identificado disse: "O ódio pela ocupação norte-americana se espalhou rapidamente entre os xiitas e agora é tão grande que o sr. Sadr e suas forças representam apenas uma parte da história. Destruir o seu exército Mahdi só será possível se destruirmos a cidade de Sadr." A cidade de Sadr é a área mais povoada de Bagdá. Ouvi que, entre os sunitas, antigos líderes do Partido Baath e partidários de Saddam receberam o apoio de chefes tribais sunitas.

Ouvi que havia, agora, trinta milícias independentes espalhadas pelo país. Ouvi os repórteres dos canais de notícias reportando-se a elas rotineiramente como "forças anti-Iraque".

Ouvi que Paul Bremer fechou um jornal popular iraquiano, o *Al-Hawsa*, por causa de "reportagens imprecisas".

Enquanto os xiitas na cidade de Sadr faziam fila para doar sangue para os sunitas em Fallujah, ouvi um homem dizer: "Nós deveríamos agradecer a Paul Bremer. Ele conseguiu finalmente unir o Iraque — contra ele."

Ouvi o presidente dizer: "Eu não estaria feliz se também estivesse ocupado."

◆ ◆ ◆

Ouvi Tony Blair dizer: "Antes que as pessoas comecem a arengar sobre a ausência das armas de destruição em massa, sugiro que elas esperem um pouco."

Ouvi o general Myers dizer: "No devido tempo, em vista do número de prisioneiros que estamos interrogando agora, estou confiante de que encontraremos as armas de destruição em massa."

Ouvi o presidente dizer: "Prisioneiros estão sendo apanhados e informações reunidas. Nossas ações resolutas continuarão até que terminemos de nos ocupar destes inimigos da democracia."

Ouvi um soldado descrever o que ele chamou "puta na caixa": "Esse era o procedimento normal para eles quando queriam amolecer um prisioneiro: coloque-o no porta-malas de um carro por um tempo e dê uma volta com ele. Os capuzes eu consigo entender; tê-los manietados com aquelas coisas plásticas, também. Mas essa história do porta-malas — achei-a um pouco incomum. Era como uma sauna em uma pequena caixa, vamos admitir. Em agosto, no Iraque, chega a fazer 49 graus de temperatura; imagine só como é que fica no porta-malas de um Mercedes preto."

Ouvi um membro da Guarda Nacional da Flórida dizer: "Nós tínhamos uma marreta com a qual batíamos na parede, e isso criava um eco que soava como uma explosão, e dava um medo dos diabos neles. Se isso não funcionasse, carregávamos uma pistola 9mm e fingíamos que íamos atirar perto de suas cabeças, e fazíamos com que pensassem que íamos atirar neles. Depois disso, eles faziam basicamente qualquer coisa que você quisesse. A forma como tratávamos esses homens era ainda pior para os soldados, sobretudo depois de sabermos que muitos desses 'combatentes' não eram mais que simples pastores."

Ouvi um fuzileiro naval no Campo Whitehorse dizer: "A técnica 50/10 era usada para fazer os IPGs perderem o moral e tornar mais fácil para o TEH conseguir informações deles." A técnica 50/10 consistia em fazer os prisioneiros ficarem de pé por cinqüenta minutos seguidos, em uma hora, durante dez horas, com o capuz sobre as suas cabeças, no calor. IPGs eram os "inimigos prisioneiros de guerra". TEH eram os "times de exploração humana".

Ouvi o capitão Donald Reese, um guarda de prisão, dizer: "Não era incomum ver pessoas sem roupas. Disseram-me que 'todo esse negócio de nudez' era um método de interrogação usado pelo serviço de informação militar, e eu não me preocupei muito com o assunto."

Ouvi Donald Rumsfeld dizer: "Não vi nada até agora que diga que as pessoas maltratadas foram maltratadas durante o processo de interrogação ou a fim de serem interrogadas."

Ouvi a soldado Lynndie England, que foi fotografada, em Abu Ghraib, segurando um prisioneiro em uma coleira: "Fui instruída por pessoas na hierarquia superior para ficar ali, segurar aquela coleira, olhar para a câmera e deixar que tirassem fotografias para a PsyOps [Operações Psicológicas]. Eu digo que realmente não queria estar em nenhuma fotografia. Achei que era um pouco estranho."

Os detentos de número 27, 30 e 31 foram despidos, algemados juntos, nus, no chão, forçados a deitar uns em cima dos outros e simular uma relação sexual, enquanto eram fotografados. O detento número 8 teve a sua comida jogada na privada e recebeu ordens para comê-la. O detento número 7 teve de latir como um cachorro, enquanto policiais do Exército cuspiam e urinavam nele; foi violentado com um cassetete, enquanto duas policiais do Exército assistiam. O detento número 3 foi violentado com um cabo de vassoura por uma soldado. O detento número 15 foi fotografado em cima de uma caixa com um capuz sobre a cabeça e fios elétricos falsos ligados às mãos e ao pênis. Os detentos de número 1, 16, 17, 18, 23, 24 e 26 foram colocados em uma pilha e obrigados a se masturbar enquanto eram fotografados. Um detento não identificado foi fotografado coberto de fezes com uma banana enfiada no seu ânus. O detento número 5 olhava o civil número 1 estuprar um garoto de 15 anos, não identificado, enquanto uma soldado fotografava. Os detentos de número 5 e 7 foram despidos e forçados a colocar roupas íntimas femininas nas cabeças. O detento número 28, algemado com as mãos nas costas em um chuveiro, foi declarado morto quando um policial militar removeu o saco de areia de sua cabeça e checou seu pulso.

Ouvi Donald Rumsfeld dizer: "Se você estiver em Washington, D.C., você não tem como saber o que acontece no turno da meia-noite, em uma dessas inúmeras prisões espalhadas pelo mundo."

◆ ◆ ◆

Ouvi dizer que a Cruz Vermelha teve de fechar seus escritórios porque estava muito perigoso. Ouvi que a General Electric e a Siemens Corporation tiveram de fechar seus escritórios. Ouvi que os Médicos Sem Fronteiras tiveram de ir embora e que os jornalistas raramente saíam de seus hotéis. Ouvi que, depois da explosão do seu quartel-general, a maioria dos funcionários da ONU deixou o país. Ouvi que as apólices de seguro de vida para os poucos homens de negócios ocidentais que ficaram no Iraque custavam 10 mil dólares por semana.

Ouvi Tom Foley, diretor de Desenvolvimento do Setor Privado Iraquiano, declarar: "Os riscos de segurança não são tão ruins quanto parecem pela TV. Os civis ocidentais não são os alvos diretos. Os riscos estão em níveis aceitáveis."

Ouvi o porta-voz de Paul Bremer declarar: "Nós temos bolsões isolados onde estamos encontrando alguns problemas."

Ouvi que, não podendo mais confiar nos militares para a ajuda, empresas de segurança privada uniram-se para formar o maior exército particular do mundo, com suas próprias equipes de resgate e serviço de informações. Ouvi que existiam cerca de 20 mil mercenários, atualmente chamados de "contratantes privados", no Iraque, ganhando até 2 mil dólares por dia e imunes às leis militares do Iraque ou dos EUA.

Ouvi que 50 mil civis iraquianos foram mortos.

Ouvi que, num dia em que um carro-bomba matou três norte-americanos, o último ato de Paul Bremer como diretor da Autoridade Provisória da Coalizão foi criar leis que tornavam ilegal dirigir com apenas uma das mãos no volante ou buzinar quando não houvesse emergência.

Ouvi que o índice de desemprego estava atualmente em 70%, que menos de 1% da força de trabalho estava envolvida na reconstrução e que os EUA gastaram apenas 2% dos 18,4 bilhões de dólares aprovados pelo Congresso para a reconstrução. Ouvi que uma auditoria oficial não poderia dar conta dos 8,8 bilhões de dólares de dinheiro do petróleo iraquiano entregues aos ministros iraquianos pela Autoridade Provisória da Coalizão.

Ouvi o presidente dizer: "Nossa coalizão permanece ao lado de líderes iraquianos responsáveis, enquanto eles estabelecem uma autoridade cada vez maior sobre o seu país."

Ouvi que, poucos dias antes de se tornar primeiro-ministro, Ayad Allawi visitou uma delegacia de polícia em Bagdá, onde seis suspeitos rebeldes, algemados e com os olhos vendados, estavam enfileirados contra uma parede. Ouvi que, enquanto quatro norte-americanos e uma dúzia de policiais iraquianos assistiam, Allawi pegou uma pistola e atirou na cabeça de cada um dos prisioneiros. Ouvi que ele falou que esta era a forma como se devia lidar com insurgentes. Ouvi que esta história não era verídica e, então, ouvi que mesmo não sendo verídica, era bem verossímil.

Em 28 de junho de 2004, com o estabelecimento de um governo interino, ouvi o vice-presidente dizer: "Depois de décadas de governo de um ditador brutal, o Iraque volta para as mãos dos seus proprietários de direito, o povo iraquiano."

Este foi o resumo militar para um dia comum, 22 de julho de 2004, um dia que não produziu nenhuma manchete nos jornais: "Duas bombas explodiram à beira de estradas, perto de uma van e de um Mercedes, em duas áreas distintas de Bagdá, causando a morte de quatro civis. Um atirador em um Toyota abriu fogo contra uma barreira da polícia e fugiu. A polícia feriu três atiradores em uma barreira e prendeu quatro homens suspeitos de tentativa de homicídio.

Mais sete bombas explodiram em margens de estradas, em Bagdá, e um atirador atacou por duas vezes soldados norte-americanos. A polícia desarmou um carro-bomba em Mossul e um atirador atacou o motorista ocidental de um caminhão de cascalho em Tell Afar. Houve três explosões à beira da estrada, um ataque de foguete a soldados norte-americanos em Mossul e um outro ataque a tiros a forças dos EUA perto de Tell Afar. Em Taji, um veículo civil colidiu com um veículo militar dos EUA, causando a morte de seis civis e ferindo outros sete. Em Bayji, um veículo dos EUA detonou uma mina terrestre. Atiradores mataram um dentista no hospital Ad Dwar. Houve 17 explosões de bombas à beira de estradas contra forças dos EUA em Taji, Baquba, Baqua, Jalula, Tikrit, Paliwoda, Balad, Samarra e Duluiyeh, com ataques de atiradores a soldados dos EUA em Tikrit e Balad. Um corpo, vestindo um traje laranja de pára-quedista, foi encontrado, sem cabeça, no Tigre; acredita-se que seja um refém búlgaro, Ivalyo Kepov. A base aérea de Kirkuk foi atacada. Cinco bombas explodiram nas margens das estradas contra forças norte-americanas em Rutbah, Kalso e Ramadi. Atiradores atacaram norte-americanos em Fallujah e Ramadi. O chefe de polícia de Najaf foi seqüestrado. Dois contratantes civis foram atacados por atiradores em Haswah. Uma bomba explodiu à beira da estrada perto de Kerbala e Hillah. Forças internacionais foram atacadas por atiradores em Al Qurnah."

◆ ◆ ◆

Ouvi o presidente dizer: "Você pode encorajar um inimigo ao enviar uma mensagem ambígua. Pode também confundir o povo iraquiano com mensagens ambíguas. Por isso, continuarei a liderar com clareza e de maneira resoluta."

Ouvi o presidente dizer: "Hoje, porque o mundo agiu com coragem e clareza moral, atletas iraquianos estão competindo nos Jogos Olímpicos." O Iraque enviou equipes para a Olimpíada anterior. E quando o presidente lançou uma campanha de anúncios com as bandeiras do Iraque e do Afeganistão e as palavras "Nestas Olimpíadas haverá mais duas nações livres — e dois regimes terroristas a menos", ouvi o treinador iraquiano dizer: "O Iraque, como uma equipe, não quer que o sr. Bush nos use para a campanha presidencial. Ele pode tratar de encontrar algum outro jeito para se promover." Ouvi o meio-de-campo, a estrela da equipe, declarar que, se ele não estivesse jogando futebol, estaria lutando pela resistência em Fallujah: "Bush já cometeu tantos crimes. Como ele encontrará o seu deus depois de ter massacrado tantos homens e mulheres?"

Ouvi um "oficial sênior do exército britânico" não identificado invocar os nazistas para descrever o que ele viu: "A minha visão e a da cadeia de comando britânica é que o uso da violência pelos norte-americanos não é proporcional e é muito desproporcional à ameaça que enfrentam. Eles não vêem a população iraquiana da mesma maneira como nós a vemos. Vêem-na como *Untermenschen* [subumanos]. Não estão preocupados com as perdas de vidas iraquianas. No que lhes concerne, o Iraque é um país de bandoleiros e todo mundo está pronto para matá-los. É chavão, mas os soldados norte-americanos realmente atiram primeiro e perguntam depois."

Ouvi Makki al-Nazzal, que administrava uma clínica em Fallujah, dizer, em um inglês sem sotaque: "Eu tenho sido um tolo por 47 anos. Costumava acreditar nas civilizações européia e norte-americana."

Ouvi Donald Rumsfeld declarar: "Nós nunca acreditamos que simplesmente tropeçaríamos sobre as armas de destruição em massa".

Ouvi Condoleezza Rice declarar: "Nós nunca esperamos que fôssemos abrir garagens e encontrá-las."

Ouvi Donald Rumsfeld declarar: "Eles podem ter tido tempo para destruí-las e eu não sei a resposta."

Ouvi Richard Perle declarar: "Nós não sabemos onde procurá-las e nunca soubemos onde procurá-las. Espero que isso leve menos de duzentos anos."

◆ ◆ ◆

Ouvi o presidente dizer: "Eu sei o que estou fazendo no que diz respeito a vencer esta guerra."

Ouvi o presidente declarar: "Eu sou um presidente de guerra."

Ouvi que mil soldados norte-americanos foram mortos e 7 mil feridos em combate. Ouvi que havia, agora, uma média de 87 ataques diários contra soldados norte-americanos.

Ouvi Condoleezza Rice dizer: "Nem tudo aconteceu da maneira que esperávamos."

Ouvi Colin Powell declarar: "Nós calculamos mal as dificuldades."

Ouvi um "diplomata sênior dos EUA em Bagdá" não identificado dizer: "Nós estamos lidando com uma população indecisa entre pura intolerância e completa hostilidade. Esta idéia de uma prática democrática é completamente maluca. Nós pensávamos que haveria uma suspensão temporária de soberania, mas de repente tudo virou um deus-nos-acuda."

Ouvi o major Thomas Neemeyer dizer: "O único jeito de tirar a revolta da cabeça seria matar toda a população."

Ouvi o repórter da CNN próximo ao túmulo de Ali, em Najaf, uma cidade que já teve 500 mil habitantes, dizer: "Tudo fora da mesquita parece ter sido arrasado."

Ouvi Khudeir Salman, que vendia gelo em uma carroça puxada por um burro em Najaf, dizer que ele estava desistindo depois de um franco-atirador dos fuzileiros navais ter matado o seu amigo, um outro vendedor de gelo: "Eu o encontrei esta manhã. O atirador matou o seu burro também. E até os motoristas de ambulância estão com muito medo para recolher o corpo."

Ouvi o vice-presidente dizer: "Um inimigo desse tipo não pode ser derrotado, não pode ser contido, não pode ser apaziguado e não se pode negociar com ele. Só pode ser destruído. E é esta a empreitada que temos à frente."

Ouvi um "comandante norte-americano sênior", cujo nome não foi revelado, dizer: "Nós precisamos tomar decisões sobre quando o câncer de Fallujah será extirpado."

Ouvi o general-de-divisão John Baptiste, do lado de fora de Samarra, declarar: "Será uma luta rápida e o inimigo morrerá rapidamente. A mensagem para o povo de Samarra é: pacificamente ou não, isso será resolvido."

Ouvi o general-de-brigada Kimmit declarar: "Nossa paciência não é eterna."

Ouvi o presidente declarar: "Os Estados Unidos jamais serão expulsos do Iraque por uma quadrilha de bandidos e assassinos."

Ouvi sobre uma festa de casamento atacada por aviões norte-americanos, causando a morte de 45 pessoas, e sobre o *videomaker* que filmou toda a festa, até o momento em que ele próprio foi morto. E embora a fita tenha sido mostrada pela televisão, ouvi o general-de-brigada Kimmit dizer: "Não houve provas de que fosse um casamento. Pode ter sido algum tipo de comemoração. Pessoas ruins também têm suas comemorações."

Ouvi um homem iraquiano dizer: "Eu juro ter visto cachorros comendo o corpo de uma mulher."

Ouvi um homem iraquiano dizer: "Nós temos pelo menos setecentos mortos. Muitos são crianças e mulheres. O fedor dos cadáveres em algumas partes da cidade é insuportável."

Ouvi Donald Rumsfeld dizer: "A morte tem a tendência de encorajar uma visão deprimente da guerra."

◆ ◆ ◆

Por ocasião da visita de Ayad Allawi aos Estados Unidos, ouvi o presidente declarar: "O que é importante para o povo americano é ouvir a verdade. E a verdade está bem aqui, na figura do primeiro-ministro."

Perguntado sobre as rivalidades étnicas, ouvi Ayad Allawi falar: "Não existem problemas entre xiitas, sunitas, curdos, árabes e turcomanos. Geralmente não temos problemas de natureza étnica ou religiosa no Iraque."

Ouvi-o dizer: "Não há nada, nenhum problema, exceto em um pequeno bolsão em Fallujah."

Ouvi o coronel Jerry Durant dizer, depois de um encontro com os chefes de tribos locais de Ramadi: "Muitos destes caras conhecem história mundial e me disseram que o governo em Bagdá é como o governo de Vichy, na França, durante a Segunda Guerra Mundial."

Ouvi um jornalista dizer: "Fico preso em casa. Só saio quando tenho um bom motivo e uma entrevista marcada. Evito ir à casa das pessoas e nunca ando pelas ruas. Não posso mais ir ao armazém, nem comer em restaurantes, nem começar uma conversa com estranhos, nem olhar lojas, nem dirigir nada que não seja um carro totalmente blindado, não posso ir aos locais das notícias, nem ficar preso no trânsito, nem falar inglês fora de casa, nem viajar de carro, nem dizer que sou norte-americano, nem me demorar em barreiras policiais, nem ficar curioso sobre o que as pessoas dizem, fazem ou sentem."

Ouvi Donald Rumsfeld dizer: "É uma região muito dura do mundo. Nós tivemos aproximadamente umas duzentas, trezentas ou quatrocentas pessoas mortas em muitas das grandes cidades norte-americanas, no ano passado. Qual é a diferença? É simplesmente que nós não ficamos assistindo a cada um dos homicídios das grandes cidades dos Estados Unidos pela televisão todas as noites."

Ouvi que 80 mil iraquianos foram mortos. Ouvi que a guerra já custara 225 bilhões de dólares e continuava a consumir 40 bilhões de dólares por mês. Ouvi que agora havia uma média de 130 ataques diários contra soldados norte-americanos.

Ouvi o capitão John Mountford dizer: "Eu apenas imagino o que teria acontecido se tivéssemos trabalhado um pouco mais com os habitantes locais."

Ouvi que, apenas no último ano, os EUA lançaram 127 toneladas de munições com urânio "empobrecido" (DU, na sigla em inglês) no Iraque, com uma atomicidade equivalente a aproximadamente 10 mil bombas de Nagasaki. Ouvi que se acreditava que o uso maciço de DU na primeira Guerra do Golfo era a principal causa para os problemas de saúde de 580.400 veteranos. Destes, 467 foram feridos na guerra. Dez anos mais tarde, 11 mil estavam mortos e 325 mil com problemas médicos. O DU presente no sêmen causou altas taxas de endometrioma, que, freqüentemente, pode causar histerectomia nas esposas e namoradas dos homens contaminados. Dos soldados que tiveram bebês saudáveis antes da guerra, 67% deles tiveram bebês no pós-guerra que nasceram com seriíssimos problemas de malformação, incluindo falta de pernas, braços, órgãos internos ou olhos.

Ouvi que 380 toneladas de HMX (High Melting Point Explosive [Explosivo de alto ponto de fusão]) e RDX (Rapid Detonation Explosive [Explosivo de detonação rápida]) tinham desaparecido de al-Qaqaa, uma das "mais importantes instalações militares" do Iraque, que jamais fora protegida depois da invasão. Ouvi que menos de meio quilo destes explosivos era suficiente para explodir um avião 747 e que o total poderia ser usado para fazer 1 milhão de bombas de beira de estrada, que eram a causa de metade das baixas das tropas norte-americanas.

Ouvi Donald Rumsfeld dizer, quando lhe perguntaram por que os soldados estavam sendo mantidos na guerra por um tempo muito maior do que o tempo de serviço normal: "Oh, gente. Pessoas são bens fungíveis. Você não as pode ter aqui ou lá." "Bens fungíveis" significa "bens intercambiáveis".

◆ ◆ ◆

Ouvi o coronel Gary Brandl dizer: "O inimigo tem uma cara. Ele se chama Satã. Ele está em Fallujah e nós vamos destruí-lo."

Ouvi um comandante dos fuzileiros navais dizer aos seus homens: "Vocês serão responsabilizados pelos fatos, não como eles se apresentam numa percepção tardia, mas como eles aparecerem para vocês no momento. Se, em sua cabeça, você atira para proteger a si próprio ou aos seus companheiros, você está fazendo a coisa certa. Não importa se mais tarde se descobrir que você eliminou toda uma família de civis desarmados."

Ouvi o tenente-coronel Mark Smith dizer: "Nós iremos aonde os caras maus vivem e vamos matá-los em suas próprias casas."

Ouvi dizer que 15 mil soldados norte-americanos invadiram Fallujah, enquanto aviões jogavam bombas de 227 quilos em "alvos rebeldes". Ouvi que destruíram o hospital de emergências Nazzal, no centro da cidade, matando vinte médicos. Ouvi que ocuparam o hospital geral de Fallujah, que os militares haviam chamado de um "centro de propaganda" por anunciar as baixas civis. Ouvi que confiscaram todos os telefones celulares e se recusaram a permitir que os médicos e ambulâncias saíssem e ajudassem os feridos. Ouvi que explodiram uma usina de energia para causar um blecaute na cidade e que o abastecimento de água foi desligado. Ouvi que as casas e lojas tinham um grande X vermelho pintado em suas portas para indicar que tinham sido revistadas.

Ouvi Donald Rumsfeld dizer: "Civis inocentes nessa cidade recebem todas as informações que precisam para não causar problemas. Não haverá um grande número de civis mortos e, certamente, não pelas forças dos EUA."

Ouvi que, em uma cidade com 150 mesquitas, não havia mais chamadas à oração.

Ouvi Muhammad Aboud descrever como, sem poder sair de casa para ir a um hospital, ele vira seu filho de 9 anos de idade sangrar até morrer e como, sem poder sair de casa para ir ao cemitério, ele enterrara a criança no jardim.

Ouvi Sami al-Jumali, um médico, dizer: "Não há um único cirurgião em Fallujah. Uma criança de 13 anos acabou de morrer em minhas mãos."

Ouvi um soldado norte-americano dizer: "Nós conquistaremos os corações e as mentes de Fallujah, ao livrar a cidade de rebeldes. Estamos fazendo isso ao patrulhar as ruas e matar os inimigos."

Ouvi um soldado norte-americano, um atirador de tanques Bradley, dizer: "Eu estava basicamente procurando por qualquer parede limpa, você sabe, sem nenhum buraco. E então nós a enchíamos de buracos."

Ouvi Farham Saleh dizer: "Meus filhos estão histéricos de medo. Estão traumatizados pelos barulhos, mas não há nenhum lugar aonde levá-los."

Ouvi que soldados dos EUA permitiram que as mulheres e crianças abandonassem a cidade, mas que todos os "homens em idade militar", homens de 15 a 60 anos de idade, tiveram de ficar. Ouvi que nem comida nem medicamentos podiam entrar na cidade.

Ouvi a Cruz Vermelha declarar que pelo menos oitocentos civis haviam morrido. Ouvi Ayad Allawi dizer que não existiam baixas civis em Fallujah.

Ouvi um homem chamado Abu Sabah dizer: "Eles usaram estas estranhas bombas que lançam uma fumaça parecida com uma nuvem em forma de cogumelo. Então pequenos pedaços caem do céu, deixando longas caudas de fumaça para trás." Ouvi-o contar que os estilhaços dessas bombas explodem em grandes chamas que queimam a pele, mesmo quando se joga água por cima. Ouvi-o dizer: "As pessoas sofreram muito com isso."

Ouvi Kassem Muhammad Ahmed dizer: "Eu os vi passar sobre pessoas feridas nas ruas com tanques de guerra. Isso aconteceu muitas e muitas vezes."

Ouvi um homem chamado Khalil dizer: "Atiraram em uma mulher e um homem idoso na rua. Então atiravam em qualquer um que tentasse recolher os corpos."

Ouvi Nihida Kadhim, uma dona-de-casa, contar que, quando finalmente lhe deixaram voltar para casa, ela encontrou uma mensagem escrita com batom no espelho de sua sala de estar: "FODAM-SE O IRAQUE E TODOS OS IRAQUIANOS."

Ouvi o general John Sattler dizer que a destruição de Fallujah havia "quebrado a espinha dorsal da rebelião".

Ouvi que três quartos da cidade de Fallujah foram totalmente destruídos a tiros. Ouvi um soldado norte-americano dizer: "É um pouco ruim que tenhamos destruído tudo, mas pelo menos demos a eles uma chance para um novo começo."

Ouvi que apenas cinco estradas em Fallujah ficariam abertas. As outras seriam fechadas com "barreiras de areia", montanhas de terra. Na entrada da cidade, todos seriam fotografados, teriam as suas impressões digitais colhidas e a íris dos olhos escaneada antes de receberem cartões de identificação. Todos os cidadãos teriam de manter a identificação visível, em todos os momentos. Nenhum carro particular — o veículo usado em carros-bombas — seria permitido na cidade. Todos os homens seriam organizados em "brigadas de trabalho" para a reconstrução da cidade. Eles seriam pagos por isto, mas a participação seria compulsória.

Ouvi Muhammad Kubaissy, um dono de loja, dizer: "Ainda estou procurando pelo que chamam de democracia."

Ouvi um soldado dizer que ele falara com o seu pastor sobre matar iraquianos e que este lhe respondera que estava certo matar iraquianos para o seu governo, desde que ele não tivesse prazer com isso. Depois de ter matado pelo menos quatro homens, ouvi o soldado dizer que começara a ter dúvidas: "Onde, porra, está escrito que Jesus disse que é certo matar pessoas para o seu governo?"

◆ ◆ ◆

Ouvi Donald Rumsfeld dizer: "Não acredito que alguém que eu conheça no governo alguma vez tenha dito que o Iraque tinha armas nucleares."

Ouvi Donald Rumsfeld dizer: "A coalizão não agiu no Iraque porque descobrimos novas provas significativas do desenvolvimento, por parte do Iraque, de armas de destruição em massa. Nós agimos porque vimos as provas sob uma luz significativa, através do prisma da nossa experiência no 11 de Setembro."

Ouvi um repórter dizer a Donald Rumsfeld: "Antes da Guerra do Iraque, o senhor descreveu os fatos de forma muito eloqüente e disse que eles nos receberiam de braços abertos." E ouvi Donald Rumsfeld interrompê-lo: "Nunca disse isso. Nunca. Você pode até se lembrar disso, mas está pensando em outra pessoa. Você não poderá encontrar, em parte alguma, que eu tenha dito alguma coisa parecida com o que você acabou de dizer que eu disse."

Ouvi Ahmed Chalabi, que forneceu a maior parte das informações sobre as armas de destruição em massa como justificativa para a invasão do Iraque, dar de ombros e dizer: "Somos heróis que erramos... o que foi dito antes não tem importância."

Ouvi Paul Wolfowitz dizer: "Por razões burocráticas, nos concentramos num assunto, armas de destruição em massa, como justificativa para invadir o Iraque, porque era a única razão com a qual todo mundo poderia concordar."

Ouvi Condoleezza Rice continuar a insistir: "Não é como se alguém acreditasse que Saddam Hussein não tivesse armas de destruição em massa."

Ouvi que o *yellowcake* de urânio do Níger era uma fraude legitimada pelo serviço de inteligência de Bush, que os tubos de alumínio não poderiam ser usados em armas nucleares, que os laboratórios biológicos móveis produziam hidrogênio para balões meteorológicos, que a frota de aeronaves teleguiadas era apenas um grande avião monomotor, que Saddam não possuía *bunkers* subterrâneos sofisticados, que a fonte principal de informações confiáveis de Colin Powell, que ele apresentou como prova nas Nações Unidas, foi um relatório, escrito dez anos antes, por um aluno de graduação. Ouvi que, dos 400 mil cadáveres enterrados em valas comuns, só 5 mil foram encontrados.

Ouvi o tenente-general James Conway dizer: "Foi uma surpresa para mim, naquele momento, e continua sendo uma surpresa para mim agora, não termos descoberto armas. E não foi por falta de procura."

Ouvi um repórter perguntar a Donald Rumsfeld: "Se eles não possuíam armas de destruição em massa, por que representam uma ameaça imediata para nosso país?" Ouvi Rumsfeld responder: "Você e alguns outros poucos críticos são as únicas pessoas que ouvi usando a expressão 'ameaça imediata'. Está se tornando uma espécie de folclore que foi assim que aconteceu. Se você tem alguma citação eu gostaria de vê-la." E ouvi o repórter ler: "Nenhum Estado terrorista representa uma ameaça maior ou mais imediata à segurança do nosso povo." Rumsfeld replicou: "Isso... na minha opinião... a situação era que ele... ele tinha... nós... nós acreditamos, que a melhor informação que nós tínhamos e outros países tinham e que... que nós acreditávamos e que nós ainda não sabemos... nós saberemos."

Ouvi Sa'aldoon al-Zubaydi, um intérprete que vivia no palácio presidencial, dizer: "Durante pelo menos os últimos três anos, Saddam Hussein estava cansado da administração diária do seu regime. Ele não agüentava mais: reuniões, comissões, despachos, telefonemas. Então ele se afastou...

ficou só, isolado, fora de tudo. Ele preferiu se trancar no escritório e escrever romances."

◆ ◆ ◆

Ouvi o presidente dizer que o Iraque é um "sucesso catastrófico".

Ouvi Donald Rumsfeld dizer: "Eles não ganharam uma única batalha desde o fim das maiores operações de combate."

Ouvi que centenas de escolas haviam sido completamente destruídas e milhares saqueadas, e que a maioria das pessoas acharam que era perigoso mandar seus filhos para a escola. Ouvi que não havia mais sistema bancário. Ouvi que nas cidades só havia eletricidade dez horas por dia e que apenas 60% da população tinham acesso a água potável. Ouvi que a desnutrição das crianças era muito pior do que em Uganda ou no Haiti. Ouvi que nenhuma das 270 mil crianças nascidas após o início da invasão recebera vacinação.

Ouvi o general Muhammad Abdullah Shahwani, chefe do serviço secreto iraquiano, dizer que agora havia 200 mil combatentes rebeldes ativos.

Ouvi Donald Rumsfeld dizer: "Não acho que nosso objetivo seja reconstruir o país. O povo iraquiano terá que reconstruir o país no devido tempo." Ouvi-o dizer que, de qualquer modo, "a infra-estrutura do país não foi tão terrivelmente danificada pela guerra".

Ouvi dizer que o embaixador americano, John Negroponte, solicitou que 3,37 bilhões de dólares destinados a projetos de água, esgoto e eletricidade fossem transferidos para segurança e produção de petróleo.

Ouvi que os repórteres da rede de televisão Al-Jazeera foram expulsos por tempo indeterminado. Ouvi Donald Rumsfeld dizer: "O que a Al-Jazeera está fazendo é vil, impreciso e indesculpável."

Ouvi que a Espanha deixara a Coalizão dos Voluntários. A Hungria saiu; a República Dominicana saiu; a Nicarágua saiu; Honduras saiu. Ouvi que as Filipinas saíram antes, após um motorista de caminhão filipino ser seqüestrado e executado. A Noruega saiu. Portugal, Cingapura e Tonga saíram. Polônia, Ucrânia e Holanda disseram que estavam saindo. A Tailândia disse que estava saindo. A Bulgária estava reduzindo suas poucas centenas de soldados. A Moldávia reduziu suas tropas de 42 para 12 soldados, e então saiu.

Ouvi que o presidente uma vez disse: "Daqui a dois anos, talvez só os britânicos estejam conosco. Num certo momento, talvez nós sejamos os últimos. Para mim está bem. Nós somos os Estados Unidos."

Ouvi um repórter perguntar ao tenente-general Jay Garner quanto tempo as tropas permaneceriam no Iraque, e o ouvi responder: "Espero que elas fiquem ali por muito tempo."

Ouvi o general Tommy Franks dizer: "Temos que refletir sobre os números. Acho que nossos militares ficarão lutando no Iraque talvez por três, cinco, talvez dez anos."

Ouvi que o Pentágono está pensando em implementar o que chama "Opção Salvador", seguindo o modelo dos esquadrões da morte em El Salvador nos anos 1980, quando John Negroponte era embaixador em Honduras, ocasião em que Elliot Abrams, agora conselheiro da Casa Branca para o Oriente Médio, disse que o massacre de El Mozote era "nada mais do que propaganda comunista". Segundo esse plano, os EUA aconselhariam, treinariam e manteriam grupos paramilitares em missões de assassinato e seqüestro, inclusive ataques secretos pela fronteira da Síria. No debate com o vice-presidente ouvi-o dizer: "Há vinte anos enfrentamos uma situação similar em El Salvador. Tivemos uma guerrilha insurgente que controlava cerca de um terço do país. E hoje em dia El Salvador está muito melhor."

Ouvi que 100 mil civis iraquianos haviam morrido. Ouvi que agora havia em média 150 ataques por dia contra tropas americanas. Ouvi que em Bagdá setecentas pessoas eram assassinadas por mês em virtude de atividades criminosas "não relacionadas com a guerra". Ouvi que 1.400 soldados americanos tinham sido mortos e que o número verdadeiro de baixas era de aproximadamente 25 mil.

Ouvi dizer que Donald Rumsfeld usava uma máquina para assinar suas cartas de pêsames para as famílias dos soldados que haviam sido mortos. Quando isso causou um pequeno escândalo, ouvi-o dizer: "Já dei ordens para que no futuro eu assine cada uma das cartas."

Ouvi o presidente dizer: "A credibilidade dos Estados Unidos se baseia no nosso desejo sincero de tornar o mundo mais pacífico, e o mundo agora está mais pacífico."

Ouvi o presidente dizer: "Eu quero ser o presidente da paz. Os próximos quatro anos serão anos pacíficos."

Ouvi o ministro da Justiça, John Ashcroft, dizer, no dia de sua renúncia: "O objetivo de garantir a segurança dos americanos contra o crime e o terror foi atingido."

Ouvi o presidente dizer: "Durante algum tempo estivemos marchando para a guerra. Agora estamos marchando para a paz."

Ouvi dizer que os militares americanos haviam comprado 1.500.000.000 balas para usar durante o próximo ano. Isto equivale a 58 balas para cada iraquiano adulto e criança.

Ouvi dizer que Saddam Hussein, confinado na solitária, estava passando o tempo escrevendo poesia, lendo o Alcorão, comendo doces e bolinhos e cultivando plantas e arbustos. Ouvi dizer que ele cercara com pedras brancas uma pequena ameixeira.

O QUE OUVI SOBRE O IRAQUE EM 2005

[4 de dezembro de 2005]

Em 2005, ouvi que tropas da Coalizão estavam acampadas nas ruínas da Babilônia. Ouvi que escavadoras abriram trincheiras por todo lado e aplainaram locais para pouso de helicópteros e estacionamento, que milhares de sacos foram enchidos de terra e fragmentos arqueológicos, que uma calçada de tijolos de 2.600 anos de idade foi destruída pelos tanques de guerra e que tijolos na forma de dragões foram arrancados do pórtico de Ishtar por soldados em busca de suvenires. Ouvi que as ruínas das cidades sumérias de Umma, Umm al-Akareb, Larsa e Tello foram completamente destruídas e agora eram paisagens cheias de crateras.

Ouvi que os EUA estavam planejando uma embaixada em Bagdá que custaria 1,5 bilhão de dólares, mais cara que as Torres da Liberdade no ponto zero, o projeto do prédio mais alto do mundo.

Vi a seguinte manchete no *Los Angeles Times*: *depois de pôr cidade abaixo, EUA tentam criar esperança.*

Ouvi dizer que os militares estão agora carregando cartões de conversa com frases como: "Nós somos um povo com valores e formamos uma equipe que se esforça por manter a dignidade e o respeito para todos."

Ouvi que 47% dos norte-americanos acreditavam que Saddam Hussein ajudara a planejar o 11 de Setembro e 44% acreditavam que os seqüestradores eram iraquianos; 61% achavam que Saddam havia sido uma séria ameaça aos EUA e 76% disseram que os iraquianos estavam agora em melhor situação.

Ouvi que o Iraque estava, atualmente, junto com o Haiti e o Senegal, na lista das piores nações na face da Terra. Ouvi que o relatório da Comissão de Direitos Humanos da Organização das Nações Unidas informava que o índice de desnutrição aguda entre as crianças iraquianas dobrara desde o início da guerra. Ouvi que apenas 5% da verba que o Congresso alocara para reconstrução foram efetivamente gastos. Ouvi que, em Fallujah, a população estava vivendo em tendas erguidas sobre as ruínas de suas casas.

Ouvi que o orçamento deste ano incluiu 105 bilhões de dólares para a guerra no Iraque, o que poderia levar o total a 300 bilhões de dólares. Ouvi que a corporação Halliburton estimava que a conta de seus serviços prestados aos soldados norte-americanos no Iraque ultrapassaria 10 bilhões de dólares. Ouvi que as famílias dos soldados norte-americanos mortos no Iraque recebem 12.000 de dólares.

Ouvi que a Casa Branca eliminou completamente o capítulo sobre o Iraque do Relatório Econômico Anual do presidente, sob o argumento de que ele não estava em conformidade com o tom animador do restante do documento.

Em janeiro, no decorrer de uma semana, ouvi Condoleezza Rice dizer que existiam 120 mil soldados iraquianos preparados para assumir o controle da segurança do país. Ouvi o senador Joseph Biden, um democrata de Delaware, dizer que o número estava próximo de 4 mil. Ouvi Donald Rumsfeld declarar: "A verdade é que há 130.200 soldados treinados e equipados. Isso é um fato. A idéia de que este número está errado não é correta. O número está certo."

Ouvi-o explicar as discrepâncias: "Agora, são alguns deles mortos todos os dias? Sem dúvida. Alguns estão se aposentando ou sendo feridos? Sim, eles se vão." Lembrei-me de que um ano antes ele dissera que o número era 210 mil. Ouvi o Pentágono anunciar que não divulgaria mais números a respeito do efetivo militar iraquiano.

Ouvi que 50 mil soldados dos EUA no Iraque não tinham equipamentos de proteção corporal, porque o administrador de aparelhamento do Exército os colocara no mesmo nível de prioridade que o das meias. Ouvi que os próprios soldados é que compravam seus coletes à prova de balas, com chapas de aço "antiimpacto", bolsas de água embutidas, óculos de proteção antibala, protetores para os joelhos e cotovelos, bolsos para os cartuchos usados e cartucheiras para recarga de munição. Ouvi que eles estavam guarnecendo seus veículos com chapas de metal, como proteção contra as bombas nas estradas, visto que a produção de Humvees estava mais de um ano atrasada em relação ao programado, e que os poucos veículos blindados disponíveis eram destinados, principalmente, aos oficiais e dignitários estrangeiros.

Ouvi que a empresa de segurança privada Custer Battles recebeu 15 milhões de dólares para fornecer segurança aos vôos civis, no aeroporto de Bagdá, durante um período em que não havia aviões nos céus. Ouvi que forças dos EUA continuavam incapazes de defender a estrada de pouco mais de 3 quilômetros ligando o aeroporto à Zona Verde.

Ouvi que o tio do presidente, Bucky Bush, ganhara meio milhão de dólares ao vender a sua opção de compra de ações da empresa Engineered Support Systems Inc. (ESSI), uma contratada do Departamento de Defesa que recebera 100 milhões de dólares para trabalhar no Iraque. Bucky Bush é membro da junta de diretores. Ouvi Dan Kreher, vice-presidente de relações com o investidor da ESSI, declarar: "O fato de que seu sobrinho está na Casa Branca não tem absolutamente nada a ver com a ida do sr. Bush para a nossa junta de diretores ou com o fato de as nossas ações terem subido 1.000% nos últimos cinco anos."

Ouvi que uma auditoria do Pentágono de apenas uma parte dos contratos da corporação Halliburton achara 100 milhões de dólares de "gastos duvidosos". Ouvi-os mencionar uma compra de 82.100 dólares em gás liquefeito e uma conta de 27,5 milhões de dólares para transportá-lo. Ouvi que outras oito auditorias governamentais da corporação Halliburton foram consideradas "confidenciais" e não puderam ser divulgadas ao público.

Ouvi que os afro-americanos representam, normalmente, 23% dos soldados na ativa, mas que o recrutamento de afro-americanos caíra em torno de 41% desde o começo da guerra. Ouvi que um "Estudo de Imagem das Forças Armadas dos EUA", preparado para o exército, recomendava que, "para o Exército atingir os objetivos de sua missão para com os seus futuros soldados, deve examinar sua imagem, assim como a sua oferta de produtos".

Ouvi que as forças armadas desenvolviam soldados robôs. Ouvi Gordon Johnson, do Comando Combinado das Forças, no Pentágono, declarar: "Eles não ficam com fome. Não têm medo. Não esquecem suas ordens. Não se importam se o companheiro ao lado acabou de levar um tiro." Ouvi-o dizer: "Perguntaram-me o que aconteceria caso um robô destruísse um ônibus escolar, em vez do tanque de guerra parado ao lado. Os advogados me informaram de que não há nenhuma proibição contra os robôs decidirem questões de vida e morte. Mas nós não incumbiremos um robô de tomar esse tipo de decisão até o dia em que estivermos confiantes de que eles poderão decidir."

◆ ◆ ◆

Em março, no segundo aniversário da invasão, ouvi que 1.511 soldados dos EUA foram mortos, e aproximadamente 11 mil feridos. Não havia como saber exatamente quantos iraquianos haviam morrido na guerra.

Ouvi Donald Rumsfeld dizer: "Bem, se você tem um país com 25 milhões de habitantes e X mil criminosos, terroristas, 'baathistas', membros do regime anterior, dispostos a explodir coisas, fazer bombas e matar pessoas, ainda poderão fazer tudo isso. Isso acontece na maioria das grandes cidades, na maioria dos países do mundo; que pessoas morrem e que haja violência."

Ouvi que, além de proibir as fotografias dos caixões dos soldados norte-americanos, o governo tentava evitar fotografias dos feridos que eram levados do Iraque, tarde da noite, transferidos para hospitais militares, em furgões sem identificação e desembarcados pelas portas dos fundos.

Ouvi sobre desespero. Ouvi o general John Abizaid, chefe do Comando Central dos EUA, falar o seguinte sobre os rebeldes: "Eu não acho que eles estão aumentando. Acho que estão desesperados."

Ouvi sobre esperança. Ouvi o general Richard Myers, presidente da Junta de Chefes das Forças Armadas, dizer: "Voltei mais seguro do que jamais estive. Acho que estamos recebendo um certo aumento de vitalidade."

Ouvi sobre felicidade. Ouvi o general-de-divisão James Mattis dizer que "é muito divertido lutar" no Iraque. Ouvi-o dizer: "Você sabe, é uma barulhada danada. Eu adoro uma briga barulhenta."

Ouvi que Donald Rumsfeld criara o seu próprio serviço de informações, a Agência de Apoio Estratégico, "criada para operar sem impedimentos e sob o controle direto do secretário de Defesa", sem a supervisão legal aplicada à CIA e empregando "indivíduos de má fama" cujas "ligações com o governo dos EUA poderiam ser embaraçosas, se reveladas". Ouvi sobre a prática de "rendição extraordinária", na qual suspeitos terroristas são seqüestrados e levados, de avião, para países conhecidos pela tortura de prisioneiros ou para cárceres secretos dos EUA na Tailândia, no Afeganistão, na Polônia e na Romênia.

Ouvi que havia 3.200 prisioneiros em Abu Ghraib, setecentos a mais do que sua capacidade. Ouvi o general-de-divisão William Brandenburg, que supervisiona as operações de detenção militar no Iraque, dizer: "Nós temos uma capacidade normal e uma capacidade de pico. Estamos operando na capacidade de pico." No ano anterior, eu ouvira o presidente prometer "demolir a prisão de Abu Ghraib, como um símbolo apropriado do novo começo iraquiano". Ouvi que fora da prisão há uma placa onde se lê: "Estacionamento proibido. Área de desembarque de detentos."

Ouvi que alguns soldados norte-americanos fizeram um videoclipe de uma música de *heavy metal* chamada "Ramadi Madness" [Loucura em Ramadi], com segmentos intitulados "Aqueles pequenos bastardos manhosos" e "Mais um dia, mais uma missão, mais um bunda-mole". Em uma das cenas, um soldado chuta o rosto de um iraquiano, que está amarrado, jogado ao chão, morrendo. Em outra, um soldado move o braço de um homem que acabou de ser morto por um tiro, para fazer parecer que ele estava acenando. Ouvi um porta-voz do Pentágono dizer: "Claro, é bem provável que os soldados tenham tomado uma decisão ruim."

Ouvi dizer que o Exército liberou um relatório de 1.200 páginas com detalhes da tortura de prisioneiros iraquianos, em uma única base do serviço de inteligência militar, durante alguns poucos meses em 2003. Em resposta ao relatório, ouvi o tenente-coronel Jeremy Martin dizer: "O Exército é uma organização capaz de aprender. Se cometemos alguns erros, tentamos corrigi-los. Atualmente temos aprendido como executar esse processo de aprendizagem."

Ouvi um soldado dos EUA falar sobre as fotos dos 12 prisioneiros que ele executou com uma metralhadora. "Eu atirei no rosto deste cara. Veja, sua cabeça está totalmente aberta. Atirei na virilha deste outro. Ele levou três dias sangrando até morrer." Ouvi-o dizer que era um cristão devoto: "Bem, eu me ajoelhei. Fiz uma prece, levantei e atirei em todos eles."

◆ ◆ ◆

Em abril, ouvi o general Richard Myers dizer: "Acho que estamos ganhando. Certo? Acho que estamos realmente ganhando. Acho que já estamos ganhando há algum tempo."

Ouvi o general-de-divisão William Webster, comandante da 3ª Divisão de Infantaria, dizer: "Nós achamos que a insurreição está se enfraquecendo com o passar do tempo. Alguns destes ataques parecem espetaculares e bem coordenados, mas na verdade não são."

Ouvi o general-de-divisão James Conroy, dos fuzileiros navais, dizer que a retirada dos soldados norte-americanos começaria logo, porque "os iraquianos estão começando a assumir responsabilidade pela sua própria situação". Ouvi o contra-almirante William Sullivan relatar ao Congresso que existiam 145 mil soldados iraquianos "prontos para combate". Ouvi Sabah Hadum, um porta-voz do Ministério do Interior iraquiano, dizer: "Nós pagamos os salários de 135 mil, mas isso não quer dizer que 135 mil estejam realmente trabalhando." Ouvi que podem existir até 50 mil "soldados fantasmas" — nomes inventados cujos cheques de pagamento são descontados por oficiais ou burocratas.

Ouvi o sargento do Exército Craig Patrick, que estava treinando os soldados iraquianos, dizer: "É tudo questão de percepção, convencer a opinião pública americana de que tudo está indo de acordo com o planejado e que no momento certo sairemos daqui. Quer dizer, eles podem enrolar o povo americano, mas não podem nos enganar."

Enquanto muitos países retiram o seu pequeno contingente de soldados do Iraque, ouvi o Departamento de Estado anunciar que não usaria mais a expressão "Coalizão dos Voluntários".

Ouvi que, dos quarenta sistemas de água e esgoto no Iraque, "nem um único funciona adequadamente". Ouvi que, das 19 usinas de energia que foram reconstruídas pelos EUA, nem uma única funciona bem. Ouvi um funcionário americano colocar a culpa disso em uma "ética de trabalho indiferente" dos iraquianos. Ouvi que novas auditorias do

Pentágono agora mostravam que a corporação Halliburton superfaturara 212 milhões de dólares.

Li, em um artigo do *New York Times*, que, graças ao "esforço contínuo" das "operações militares", "o objetivo governamental de entregar a administração do Iraque a um governo iraquiano eleito e permanente" estava "bem próximo". Ouvi o general Richard Myers dizer: "Nós estamos no caminho"; e ouvi o general-de-divisão Adnan Thibit dizer: "Estamos conquistando mais vitórias porque, agora, mais pessoas estão cooperando conosco."

Ouvi o general John Abizaid vaticinar que as forças de segurança iraquianas liderariam a luta contra os rebeldes, na maior parte do país, até o final de 2005. Ouvi o general George Casey, comandante das forças multinacionais no Iraque, dizer: "Nós devemos estar prontos para aceitar algumas reduções substanciais no número dos nossos efetivos."

Ouvi que os rebeldes foram expulsos das cidades e se refugiaram no deserto e que eles tinham dificuldades para encontrar novos recrutas. Ouvi o general-de-divisão Raymond Odierno dizer: "Lentamente eles estão perdendo."

Ouvi Donald Rumsfeld dizer: "Não temos uma estratégia de retirada, temos uma estratégia de vitória."

◆ ◆ ◆

Poucas semanas depois, ouvi o porta-voz do Pentágono, Lawrence di Rita, admitir que "tem havido um aumento" da violência. Ouvi funcionários do Pentágono porem isto de lado como "ataques desesperados levados a cabo por indivíduos desesperados", mas ouvi o general Richard Myers, agora, fazer a seguinte declaração a respeito dos rebeldes: "Acho que a capacidade deles continua a mesma. E onde eles estão agora é onde estiveram quase há um ano."

Ouvi que um relatório do Conselho Nacional de Inteligência da CIA expusera que o "Iraque atualmente está substituindo o Afeganistão como o campo de treinamento para a próxima geração de terroristas 'profissionais'" e fornecendo "um campo de recrutamento e oportunidade para aumentar suas habilidades técnicas". Ouvi que no relatório estava que o Iraque era bem mais eficiente, como campo de treinamento, do que o Afeganistão, porque "a natureza urbana da guerra no Iraque ajudava os combatentes a aprender como praticar assassinatos, seqüestros, explosões com carros-bomba e outros tipos de ataques que não faziam parte do repertório das táticas de combate no Afeganistão durante a campanha contra os soviéticos nos anos 1980."

Ouvi que o Departamento de Estado recusou-se a divulgar o seu relatório anual sobre terrorismo, o qual mostraria que o número de ataques "significativos", fora do Iraque, aumentara de 175, em 2003, para 655, em 2004. Ouvi Karen Aguilar, coordenadora de contra terrorismo interina no Departamento de Estado, explicar que as "estatísticas não são relevantes" para as "tendências no terrorismo global".

Ouvi Donald Rumsfeld dizer: "Deus sabe, não é preciso ser um gênio para explodir um edifício."

Ouvi que, no mês de abril, houve 67 homens-bomba. Ouvi o coronel Pat Lang, ex-chefe de operações no Oriente Médio da Agência de Inteligência da Defesa, afirmar: "Dizer que nós estamos enfrentando uma guerra civil é mera retórica política. Já estamos enfrentando uma guerra civil há um longo tempo."

Ouvi que 1.600 soldados dos EUA foram mortos. Ouvi que a cada semana mais de duzentos iraquianos morriam devido a explosões suicidas.

Ouvi Condoleezza Rice, em uma visita surpresa ao Iraque, dizer: "Nós estamos muito gratos pelo fato de existirem americanos prontos a se sacrificarem para que o Oriente Médio seja uno, livre, democrático e pacífico." Nesse mesmo dia, os corpos de 34 homens, recém-assassinados, foram encontrados em uma sepultura coletiva; um alto funcionário do Ministério da Indústria foi morto a tiros; um importante clérigo xiita também foi morto a tiros; e o governador da província de Diyala sobreviveu a um ataque suicida, embora quatro pessoas de sua comitiva tenham morrido e 37 outras, que estavam por perto, tenham ficado feridas.

Ouvi Donald Rumsfeld, quando foi perguntado se estávamos ganhando ou perdendo a guerra no Iraque, retrucar: "Perder ou ganhar não é problema para nós, na minha opinião, no contexto convencional, tradicional, em que se usam as palavras 'ganhar' e 'perder' em uma guerra."

Ouvi um motorista de caminhão chamado Muhammad dizer: "Com os meus próprios olhos, vi os norte-americanos atirarem em todos os carros civis que estavam à sua volta, quando a sua patrulha foi atingida por uma bomba, na estrada." E outro motorista de Fallujah declarar: "Se Bush fosse um homem de verdade, deveria andar sozinho pelas ruas!"

Ouvi que o presidente do Iraque, Jalal Talabani, tem 3 mil soldados *peshmerga* acampados ao redor de sua casa.

Ouvi o presidente proclamar uma "vitória crítica na Guerra contra o Terror", com a captura de Abu Faraj al-Libbi, a quem o presidente chamou de um "alto general" e de terceiro homem na hierarquia da al-Qaeda. Ouvi-o dizer: "A sua prisão tira de circulação um perigoso inimigo que ameaçava os Estados Unidos e a todos os defensores da liberdade." Alguns dias depois, ouvi que o homem em questão provavelmente fora confundido com alguma outra pessoa de nome vagamente similar. Ouvi que um antigo companheiro de Osama bin Laden, em Londres, riu e disse: "O que eu me lembro dele é que costumava fazer café e tirar xerox." Eu nunca ouvi isso anunciado na imprensa norte-americana.

Durante a cerimônia de consagração da Biblioteca Presidencial e do Museu Abraham Lincoln, ouvi o presidente comparar a sua Guerra contra o Terror com a guerra de Lincoln contra a escravidão.

Ouvi o presidente dizer que as forças iraquianas tinham agora um efetivo maior do que o oferecido pelos norte-americanos.

◆ ◆ ◆

Em maio, ouvi que aconteciam três ataques de homens-bomba por dia.

Ouvi um jornalista perguntar ao presidente: "O senhor acha que a insurreição está ficando mais difícil agora de se combater militarmente?" E ouvi o presidente responder: "Não, eu não acho isso. Acho que eles estão sendo derrotados E é por isso que continuam a lutar."

Ouvi um ativista de direitos humanos dizer: "Hoje, em Bagdá, quatro clérigos (três sunitas e um xiita) foram assassinados. Os corpos de dois outros clérigos sunitas que haviam sido seqüestrados na semana passada foram encontrados. Um suicida, em um carro-bomba, explodiu o seu veículo no mercado de Abu Cher, matando nove soldados da Guarda Nacional iraquiana e ferindo 28 civis. Dois estudantes de engenharia foram mortos quando uma bomba (ou foguete) atingiu sua sala de aula em uma faculdade local. O diretor de uma escola de ensino médio, nas redondezas de Shaab, foi assassinado. Um juiz, dois funcionários do Ministério da Defesa e um funcionário, que investigava suspeitas de corrupção no governo interino anterior, foram assassinados. No total, 31 mortos, 42 feridos e 17 seqüestrados. Em Bagdá, abundam rumores sobre quem seriam os responsáveis pelos ataques, mas ninguém ainda assumiu responsabilidade. Mas, se comparado com alguns dias das últimas semanas aqui em Bagdá, o número de mortes e feridos foi menor. Então, em termos comparativos, este foi um dia relativamente calmo aqui em Bagdá."

Ouvi Donald Rumsfeld declarar: "Nós não fazemos contagem dos corpos", mas, então, ouvi o Pentágono divulgando o número de mortos. Dizia que 1.600 rebeldes foram mortos no ano passado em Fallujah, mas então ouvi que os fuzileiros navais haviam descoberto "alguns corpos", depois que a cidade foi capturada e, meses mais tarde, um "cemitério de mártires", com apenas 79 sepulturas, foi encontrado. Ouvi que o Exército destruíra completamente um "campo de treinamento da guerrilha", perto do lago Tharthar, matando todos os 85 rebeldes que lá estavam, e ouvi o noticiário da televisão informar que este fora "o maior número de mortes de militantes em um único dia em meses, e o mais recente em uma série de ataques à insurreição". Mas então ouvi que alguns jornalistas europeus visitaram o campo no dia seguinte e os rebeldes ainda estavam lá. Depois ouvi funcionários norte-americanos alegarem que os rebeldes devem ter retirado de lá os seus próprios mortos. Mas então ouvi um repórter perguntar como todos os 85 rebeldes mortos haviam retirado os seus próprios corpos de lá. E ouvi o major Richard Goldenberg retrucar: "Nós poderíamos gastar anos, indo e vindo com a contagem de mortos. O importante é o efeito que isto tem na organização da insurreição."

Ouvi sobre desespero. Ouvi o coronel Joseph DiSalvo, comandante da equipe de combate da 2ª Brigada, dizer: "O que estamos vendo é resultado do desespero dos terroristas." Ouvi-o acrescentar: "Até o final do verão, os terroristas serão capturados, mortos ou, no mínimo, severamente feridos."

Ouvi Dick Cheney dizer: "De um ponto de vista militar, acho que o nível de atividade que vemos hoje em dia tenderá, claramente, a um declínio. Se vocês me permitem dizer, acho que estes talvez sejam os últimos estertores da insurreição."

Ouvi Porter J. Gross, diretor da CIA, dizer que os rebeldes "não estavam exatamente nos seus últimos estertores, mas acho que estão bem perto disso".

Ouvi Dick Cheney explicar depois: "Se vocês olharem o que os dicionários dizem a respeito da expressão 'últimos estertores', verão que este pode ser um período violento. Quando se olha para trás, para a Segunda Guerra Mundial, a batalha mais dura, a mais difícil, tanto na Europa quanto no oceano Pacífico, ocorreu apenas alguns meses antes do fim. E vejo aqui uma situação parecida, depois da qual eles serão todos eliminados."

Ouvi Donald Rumsfeld dizer: "Últimos estertores podem ser violentos ou plácidos. Procurem no dicionário."

◆ ◆ ◆

Ouvi o senador Chuck Hagel, um republicano de Nebraska, dizer: "As coisas não estão melhorando, estão piorando. A Casa Branca está completamente desligada da realidade. É como se eles estivessem simplesmente improvisando, enquanto vão em frente. A verdade é que estamos perdendo o Iraque."

Ouvi o tenente-coronel Frederick Wellman dizer, a respeito dos rebeldes: "Nós não podemos matar todos eles. Quando elimino um, crio outros três."

Ouvi que o congressista Walter Jones, um republicano da Carolina do Norte, estava agora pedindo a retirada dos soldados norte-americanos. Ouvi-o dizer: "O povo norte-americano está chegando perto do seu limite: até onde vamos agüentar?" Ouvi o congressista Mike Pence, um republicano de Indiana, explicar por que ele se opunha a um cronograma de retirada: "Eu nunca digo aos meus filhos quando a minha paciência está prestes a acabar, porque eles, com certeza, vão me provocar."

Ouvi Condoleezza Rice falar sobre um "compromisso para várias gerações" no Iraque.

Ouvi o presidente dizer: "Botamos o inimigo para correr e agora eles passam os dias tentando evitar a captura, porque sabem que as Forças Armadas dos Estados Unidos estão atrás deles."

Ouvi-o dizer ao povo norte-americano: "Enquanto trabalhamos para criar oportunidades em nosso país, também mantemos vocês a salvo das ameaças vindas do exterior. Entramos em guerra porque fomos atacados, e continuamos em guerra porque ainda existem por aí pessoas que querem fazer mal ao nosso país e aos nossos concidadãos. Nossos soldados estão combatendo esses terroristas no Iraque para que não tenhamos de encará-los aqui em casa."

Ouvi o presidente dizer: "Veja, neste meu ramo de trabalho você tem de ficar repetindo as coisas várias e várias vezes para que a verdade possa entrar nas cabeças, para catapultar a propaganda."

◆ ◆ ◆

Ouvi que soldados dos EUA mataram o segundo homem na hierarquia da al-Qaeda, no Iraque. Ouvi que soldados dos EUA mataram outro homem que também era o número dois na hierarquia da al-Qaeda no Iraque. Ouvi que soldados dos EUA mataram mais um outro homem que também era o segundo na hierarquia da al-Qaeda no Iraque.

Ouvi que, em Bagdá, 92% das pessoas não recebiam um fornecimento estável de eletricidade, 39% não tinham garantia de abastecimento de água potável e 25% das crianças com menos de 5 anos de idade sofriam de subnutrição. Ouvi que dois ou três carros-bomba explodiam por dia, chegando, algumas vezes, a matar uma centena de pessoas e a ferir outras tantas centenas.

Ouvi o general William Webster dizer: "É certo que expressões como 'quebrar a espinha dorsal', 'chegar ao final da linha', ou qualquer outra coisa parecida não se aplicam à insurreição neste exato momento."

Ouvi um "alto oficial do Exército" dizer: "Simplesmente não há soldados suficientes por aqui. Não soldados o bastante para se fazer nada certo; estão todos atolados em afazeres." Ouvi que os soldados da Companhia E dos fuzileiros navais fizeram cópias de papelão de si mesmos, em tamanho natural, para poderem fingir que havia mais soldados nas batalhas.

Ouvi o presidente dizer: "Eu diria que gasto a maior parte do meu tempo, atualmente, me preocupando com as pessoas que perdem suas vidas no Iraque. Tanto os americanos quanto os iraquianos. Eu me preocupo com minhas filhas. Costumava me preocupar com minha mulher, até que ela alcançou um índice de 85% de popularidade. Atualmente é ela quem está preocupada comigo. Você sabe, eu não me preocupo tanto assim, a não ser com o que acabei de lhe dizer. Atribuo isso tudo ao fato de ter uma consciência tranqüila. Grande parte disso tem a ver com a minha fé particular e muito tem a ver com o fato de que inúmeras pessoas oram por mim e Laura. Tenho dormido muito bem. É sério. Me perguntam isso. Houve ocasiões em que não dormi bem. Tenho a consciência tranqüila."

◆ ◆ ◆

Em 2005, ouvi sobre 2001. Ouvi que em 21 de setembro de 2001, o *briefing* diário do presidente, preparado pela CIA, informava que não havia nenhuma prova de que Saddam Hussein estivesse ligado aos ataques de 11 de setembro.

Ouvi Condoleezza Rice dizer: "A verdade é que, quando nós fomos atacados em 11 de setembro, tínhamos uma escolha a fazer. Podíamos decidir que as causas imediatas foram a al-Qaeda e as pessoas que jogaram os aviões contra os prédios e, portanto, ou iríamos atrás da al-Qaeda ou poderíamos adotar uma abordagem mais ousada."

Ouvi Karl Rove dizer: "Os liberais viram a selvageria dos ataques de 11 de setembro e quiseram processar criminalmente e oferecer terapia e compreensão para os nossos agressores. Os conservadores viram a selvageria do 11 de Setembro e dos ataques e se prepararam para a guerra. Os conservadores viram o que aconteceu com a gente em 11 de setembro e disseram que iríamos derrotar nossos inimigos. Os liberais viram o que aconteceu com a gente e disseram que deveríamos tentar compreender nossos inimigos."

Em 2005, ouvi sobre 2002. Ouvi que em 23 de julho de 2002, oito meses antes de invasão, *Sir* Richard Dearlove, chefe do MI6, informou, em um memorando secreto para Tony Blair, que lhe fora dito, em Washington, que os EUA iriam "remover Saddam, mediante ação militar, com base na conjunção entre terrorismo e armas de destruição em massa". Todavia, como "a causa era fraca, Saddam não estava ameaçando seus vizinhos e seu estoque de armas de destruição em massa era menor do que o da Líbia, Coréia do Norte ou Irã (...) a inteligência e os fatos foram estabelecidos de acordo com o plano de ação".

Ouvi que este "Memorando de Downing Street" gerou um escândalo na imprensa britânica, mas não o ouvi mencionado nas redes de televisão norte-americanas por dois meses. Nesse espaço de tempo, o noticiário da rede ABC apresentou 121 reportagens sobre Michael Jackson e 42 sobre Natalee Holloway, uma estudante de ensino médio que desapareceu de um bar, durante as férias em Aruba. A rede CBS teve 235 reportagens sobre Michael Jackson e setenta sobre a senhorita Natalee Holloway.

Ouvi que na segunda metade de 2002, a força aérea dos EUA e a do Reino Unido jogaram duas vezes mais bombas no Iraque do que durante todo o ano de 2001. Ouvi que o objetivo era provocar Saddam a fornecer aos aliados uma justificativa para a guerra.

Ouvi que a principal fonte das informações sobre os laboratórios móveis de armas biológicas e a capacidade de guerra biológica de Saddam, citada por Colin Powell na sua apresentação na Organização das Nações Unidas e pelo presidente no seu discurso de prestação de contas à nação, foi um desertor iraquiano, detido pelo serviço secreto alemão. Os alemães alertaram inúmeras vezes aos norte-americanos que nenhuma das informações fornecidas por este desertor, um alcoólatra em estágio avançado, era confiável. Foi-lhe dado o nome código de *Curveball*.*

**Curveball*, bola lançada com efeito em curva, no jogo de beisebol, e, portanto, difícil de ser rebatida pelo adversário. (*N. do T.*)

Ouvi que a principal fonte de informações sobre as várias toneladas de armas nucleares, químicas e biológicas enterradas sob as vilas particulares de Saddam, espalhadas pelo país e sob o Hospital Saddam Hussein, em Bagdá, era um exilado curdo chamado Adnan Ishan Saeed al-Haideri. Ele fora patrocinado pela Rendon Group, uma empresa de relações públicas de Washington que recebera centenas de milhões de dólares do Pentágono para promover a guerra. (A Rendon, dentre outras coisas, organizara um grupo de exilados iraquianos em Londres, a quem dera o nome de Congresso Nacional Iraquiano, com Ahmad Chalabi no posto de líder.) Ouvi que, apesar de al-Haideri não ter passado pelo teste do detector de mentiras da CIA, na Tailândia, mesmo assim suas histórias foram vazadas para jornalistas, mais especificamente para Judith Miller, do *New York Times*, que as publicou na primeira página.

Ouvi Donald Rumsfeld dizer: "Bem, nunca se sabe o que pode acontecer. Eu apresentei ao presidente uma lista de aproximadamente 15 coisas que poderiam dar errado, muito errado, antes que a guerra começasse. O fato de que os campos de petróleo poderiam ser incendiados, como foram no Kuwait; o fato de que poderíamos ter refugiados e deslocamentos em massa, o que não aconteceu. As pontes poderiam ter sido explodidas. Poderia haver uma fortaleza em Bagdá circundada por um fosso cheio de petróleo e com pessoas que lutariam até a morte. Então, a maior parte das coisas ruins que poderiam ter acontecido não aconteceu."

Ouvi um jornalista lhe perguntar: "Havia alguma forte insurreição, na lista que o senhor entregou ao presidente?" E ouvi Rumsfeld responder: "Não me lembro se isso estava ou não na lista."

Em 2005, ouvi sobre 2003. Ouvi um fuzileiro naval dos EUA, que foi testemunha do fato em questão, dizer que a captura de Saddam Hussein foi uma ficção. Saddam fora capturado no dia anterior, em uma pequena casa, e depois colocado em um poço abandonado, preparado para parecer o "buraco de aranha" no qual ele teria se escondido. Não ouvi mais falar sobre esse fuzileiro naval.

Em 2005, ouvi sobre 2004. Ouvi que, durante os ataques a Fallujah, o presidente sugeriu a Tony Blair que a sede da rede Al-Jazeera, no Qatar, fosse bombardeada. Ouvi que Blair convenceu o presidente de que isso não era uma boa idéia.

◆ ◆ ◆

Por ser difícil para os militares atrair novos recrutas, ouvi que uma diretiva do Exército recomendava "aliviar o problema de falta de pessoal retendo os soldados que estão marcados para dispensa antes do prazo, ainda durante o seu primeiro ano de serviço militar, devido a problemas de abuso de álcool ou drogas, e soldados de rendimento insatisfatório ou acima do peso, dentre outras razões". Ouvi que o Pentágono pedira ao Congresso para aumentar a idade máxima de alistamento militar de 35 para 42 anos.

Ouvi que as forças militares dos EUA estavam recrutando ativamente por toda a América Latina; ofereciam cidadania norte-americana em troca de serviço militar. Ouvi que norte-americanos de origem hispânica constituem 9,5% dos que são ativamente recrutados, mas 17,5% dos que recebem as missões mais perigosas.

Ouvi que o governo ofereceu 15 mil dólares de bônus, em dinheiro, aos soldados da Guarda Nacional que concordassem em aumentar o seu período de serviço de militar. Ouvi que o governo não pagou a ninguém e chegou a cancelar a oferta depois que muitos já tinham assinado.

Ouvi que nos hospitais de veteranos, o único canal de notícias permitido é o canal do Pentágono, uma rede de notícias 24 horas que apresenta programas como o "Iraqi Freedom Journal" [O jornal da liberdade iraquiana].

Ouvi Rory Mayberry, um ex-gerente de alimentação da corporação Halliburton, no Iraque, dizer que eles, regularmente, serviam aos soldados comida já vencida há quase um ano. Ouvi que eles recuperavam comida de comboios atacados. Ouvi-o declarar: "Disseram-nos para ir até os caminhões, retirar os alimentos e servi-los após remover as balas, os estilhaços e a comida atingida."

Ouvi que, numa pesquisa de opinião entre os soldados norte-americanos no Iraque, mais da metade avaliou o moral de suas unidades como "baixo" ou "muito baixo".

Ouvi o Centro para Promoção da Saúde e Medicina Preventiva do Exército declarar que, dos soldados que voltaram da guerra este ano, "1.700 disseram que nutriam pensamentos autodestrutivos ou achavam que seria melhor ter morrido; mais de 250 disseram que tinham 'muitos' pensamentos deste tipo; quase 20 mil relataram pesadelos ou lembranças indesejadas da guerra; mais de 3.700 disseram estar preocupados que pudessem 'perder o controle ou ferir' alguém". Ouvi um soldado dizer: "Os meus pesadelos são tão intensos que uma noite eu acordei com as mãos em volta do pescoço da minha noiva." Ouvi que um em cada quatro precisava de tratamento médico e esperava-se que aproximadamente 240 mil sofressem alguma forma de distúrbio de estresse pós-traumático.

Ouvi que membros da Igreja Batista Westboro, de Topeka, Kansas, protestavam nos enterros dos soldados mortos na guerra, afirmando que a guerra era um castigo divino pela imoralidade norte-americana. Ouvi que eles carregavam cartazes descrevendo "atos homossexuais" com as palavras "Deus Odeia as Bichas"; "Deus Odeia a América"; "Graças a Deus pelas IEDs [bombas de estradas]"; "Soldados Bichas no Inferno"; "Deus Explodiu os Soldados"; "Bichas Arruínam as Nações".

Ouvi que as lápides no cemitério nacional de Arlington recebem, agora as seguintes inscrições: "Operação Garantindo a Liberdade" e "Operação Liberdade Iraquiana", junto com as tradicionais inscrições com nome, posto e data da morte do soldado. Ouvi Jeff Martell, que prepara as lápides para o cemitério, dizer: "Parece um pouco imprudente que isso seja inscrito nas pedras tumulares. Fica parecendo que tem uma ligação com a política."

◆ ◆ ◆

No primeiro aniversário da "transferência de soberania", ouvi que houve 484 explosões de carros-bomba no último ano, causando a morte de, pelo menos, 2.221 pessoas e ferindo pelo menos 5.574. Ouvi que 890 soldados norte-americanos foram mortos no ano anterior e que havia, no momento, uma média de setenta ataques da insurreição diariamente. Nesse mesmo dia, ouvi o presidente dizer: "Nós lutamos hoje porque terroristas querem atacar o nosso país, matar nossos concidadãos, e o Iraque é o lugar onde eles opõem resistência atualmente. Então, vamos combatê-los lá, vamos combatê-los em todo o mundo e continuaremos lutando até vencermos esta guerra."

Ouvi-o dizer: "O Iraque é o mais novo campo de batalha nesta guerra. Muitos dos terroristas que matam homens, mulheres e crianças inocentes nas ruas de Bagdá são seguidores da mesma ideologia assassina que tirou a vida de nossos concidadãos em Nova York, em Washington e na Pensilvânia."

Ouvi-o dizer: "Algumas pessoas podem discordar da minha decisão de destituir Saddam Hussein do poder, mas todos concordamos agora que terroristas do mundo todo fizeram do Iraque uma importante frente de batalha na Guerra contra o Terror."

E eu me lembro que, três anos antes, para poder justificar a invasão, ele dissera: "Imagine uma rede terrorista com o Iraque como um arsenal e um campo de treinamento."

◆ ◆ ◆

Ouvi Tom DeLay, na ocasião ainda o líder da maioria na Câmara, dizer: "Você sabe, se Houston, no Texas, fosse tratada de acordo com os mesmos padrões que o Iraque, ninguém iria a Houston, porque todas as notícias que saem na imprensa local de Houston são sobre violência, assassinatos, roubos e mortes nas estradas."

Ouvi Donald Rumsfeld dizer que os xiitas "estão se aproximando dos sunitas e permitindo que eles participem do processo de elaboração constitucional de um modo muito construtivo e saudável. Então, tem muita coisa boa acontecendo naquele país."

Ouvi Scott McClellan, o secretário de Imprensa da Casa Branca, declarar: "Penso que temos uma clara estratégia para o sucesso, além de grandes progressos sendo alcançados no campo de batalha. Estamos progredindo e teremos sucesso no final."

Ouvi o presidente dizer: "Nós temos o caminho livre a nossa frente."

Ouvi que a corporação Halliburton construíra um muro em volta da Zona Verde de 3,66 metros de altura, feito com 5 toneladas de placas de concreto, coberto com arame farpado. Ouvi que os morteiros lançados contra a Zona Verde freqüentemente erravam o alvo e caíam nos arredores, do lado de fora do muro, e que homens-bomba frustrados, incapazes de chegar à Zona Verde, explodiam suas cargas suicidas do lado de fora do muro. Ouvi Saman Abdel Aziz Rahman, proprietário do restaurante Serawan Kebab, que fica ao lado de um restaurante dentro do qual um homem-bomba explodiu, matando 23 pessoas, dizer: "Nós somos os novos palestinos." Ouvi Haider al-Shawaf, que vive na rua Al-Shawaf, atualmente cortada pelo muro, falar duas vezes, em inglês: "Era uma rua bem calma. Era uma rua bem calma."

Ouvi o presidente dizer: "Os Estados Unidos não sairão antes de terminar o trabalho." Ouvi Dick Cheney prognosticar que os combates estariam terminados antes do fim do governo atual em 2009.

◆ ◆ ◆

Depois de a Anistia Internacional ter comparado o tratamento norte-americano dado aos prisioneiros afegãos e iraquianos aos *gulags* soviéticos, ouvi o presidente dizer: "É uma alegação absurda. Os Estados Unidos são um país que promove a liberdade em todo o mundo. A mim me parece que eles basearam algumas de suas acusações nas palavras — e nas alegações — das pessoas que estão presas, pessoas que odeiam os Estados Unidos, pessoas que foram treinadas, em algumas instâncias, a dissimular — ou seja, a não dizer a verdade."

Ouvi que a maior parte da violência da insurreição no Iraque era dirigida pessoalmente por um jordaniano, Abu Musab al-Zarqawi. Ouvi que rumores da sua presença levaram os EUA a bombardear Fallujah, Ramadi, Mossul, Samarra e um vilarejo no Curdistão, mas, todas as vezes, ele conseguiu escapar por pouco. Ouvi que ele fora recentemente visto na Jordânia, na Síria, no Irã e no Paquistão. Ouvi que ele era intimamente ligado a Osama bin Laden, Saddam Hussein e ao governo da Síria. Ouvi que ele era um grande inimigo de Bin Laden, do secular Saddam Hussein e do secular governo sírio. Ouvi que ele morrera no Afeganistão. Ouvi que, depois de ser ferido no Afeganistão, sua perna fora amputada em um hospital no Iraque, o que era uma prova da ligação de Saddam com o terrorismo. Ouvi que ele ainda estava andando com as duas pernas. Ouvi que ele era um dos homens encapuzados em um vídeo que mostrava a decapitação de um jovem norte-americano, Nick Berg, embora os homens nunca tenham tirado os seus capuzes. Ouvi que ele morrera recentemente em Mossul, quando oito homens preferiram se explodir a se entregar às forças dos EUA que tinham cercado sua casa. Ouvi o xeque Jawad al-Kaesi, um importante clérigo xiita em Bagdá, dizer que Zarqawi fora morto há muito tempo, mas que os EUA usavam-no como uma "manobra para frustrar os planos do adversário". Ouvi o presidente compará-lo a Hitler, Stalin e Pol Pot. Ouvi que ele tinha menos de cem seguidores em todo o Iraque.

Ouvi que poderia haver cerca de cem grupos responsáveis pelos ataques suicidas e ouvi que muitos deles tinham ligações com Ansar al-Islam, que tinha muito mais seguidores no Iraque do que Zarqawi e que também tinha ligações, de fato, com Bin Laden antes da guerra. Ansar al-Islam quase nunca era mencionado nos discursos do governo ou na imprensa, pois o seu grupo é curdo e todos os curdos são considerados aliados dos EUA.

Ouvi que o índice de desemprego de jovens do sexo masculino em áreas sunitas chegava agora a 40%. Ouvi que a renda *per capita* era de 77 dólares, metade da do ano anterior;

que apenas 37% das famílias tinham suas casas ligadas ao sistema de esgoto, metade do índice de antes da guerra.

Ouvi o general George Casey dizer: "A cada dia que passa, pouco a pouco o Iraque vai ficando melhor." Ouvi o tenente-coronel Vincent Quarles, comandante dos batalhões de Brigada 4-3, dizer: "É difícil ver todo o progresso que foi alcançado. Mas as coisas estão melhorando."

Ouvi que o Pentágono deveria entregar um relatório ao Congresso sobre o treinamento e a capacidade de combate das forças de segurança iraquianas, mas que perdera o prazo e estava relutante em divulgar o relatório. Ouvi Donald Rumsfeld dizer: "Não é nosso dever dizer ao outro lado, o inimigo, os terroristas, que esta unidade iraquiana tem esta capacidade de combate e aquela outra tem essa outra capacidade de combate. A idéia de se discutir os pontos fracos, se vocês preferirem, os pontos fortes e fracos esta 'unidade tem uma cadeia de comando fraca', ou 'estes soldados estão com pouca eficiência porque o seu moral está baixo' —, quer dizer, seria estúpido divulgar esse tipo de informação."

Ouvi o general William Webster dizer que a capacidade dos rebeldes para "conduzir operações continuadas de alta intensidade, como fizeram no ano passado — nós quase já eliminamos isso". Poucos dias depois, ouvi que as explosões suicidas em Bagdá tinham aumentado, incluindo uma explosão em uma escola, que matou mais de vinte crianças, e uma explosão de um caminhão roubado, de gás liquefeito, na praça central da cidade, que matou pelo menos 71 pessoas e feriu outras 156. Ouvi que o diplomata argelino mais importante no país fora seqüestrado. Ouvi que o diplomata egípcio mais importante no país fora seqüestrado e morto. Ouvi que nenhum país árabe planejava enviar um embaixador.

Ouvi um "oficial sênior do serviço secreto do Exército", cujo nome não foi revelado, dizer: "Nós estamos capturando ou matando muitos rebeldes, mas eles são substituídos mais rápido do que podemos impedir suas operações. Tem sempre algum outro rebelde pronto para aparecer e ocupar o seu lugar." Ouvi-o dizer que as Forças Armadas dos EUA estavam tendo dificuldade para entender a união improvável de membros do secular Partido Baath com militantes islâmicos.

Ouvi que, depois da explosão de um carro-bomba ter matado diversas crianças, a força-tarefa da 3ª Divisão de Infantaria de Bagdá divulgou uma declaração em que citava um "homem iraquiano que não quis ser identificado": "Eles são inimigos da humanidade, sem religião ou qualquer tipo de ética. Atacaram a minha comunidade hoje e eu agora começarei a lutar contra os terroristas." Algumas semanas mais tarde, depois de um carro-bomba ter matado 25 pessoas perto da delegacia de polícia de al-Rashad, a força-tarefa da 3º Divisão de Infantaria de Bagdá divulgou uma declaração em que citava um "homem iraquiano que não quis ser identificado": "Eles são inimigos da humanidade, sem religião ou qualquer tipo de ética. Atacaram a minha comunidade hoje e eu agora começarei a lutar contra os terroristas."

Ouvi que o governo decidira que não falaria mais em Guerra contra o Terrorismo. Agora o novo nome era Luta Global contra o Extremismo Violento.

Ouvi o general Richard Myers dizer: "Eu me opus ao uso do termo 'Guerra contra o Terrorismo' antes porque, se você chamar isso de guerra, logo pensa em pessoas de uniforme como solução. E isso é mais do que terrorismo. A longo prazo, o problema é também diplomático, também econômico — na verdade, mais diplomático, mais econômico e mais político do que militar."

Ouvi que o governo decidira não mais usar o nome Luta Global contra o Extremismo Violento, que era muito longo. O novo nome era o agora antigo Guerra contra o Terrorismo.

Ouvi o presidente dizer: "Não tenha dúvida sobre isso, nós estamos em guerra. Estamos em guerra contra um inimigo que nos atacou no dia 11 de setembro de 2001. Estamos em guerra contra um inimigo que, desde aquele dia, continua matando."

Ouvi Abdul Henderson, um ex-cabo dos fuzileiros navais, dizer: "Estamos atirando contra pequenas cidades. Você vê pessoas correndo, carros indo embora e caras caindo de bicicletas. É muito triste. Você apenas senta por lá e olha através dos seus binóculos e vê coisas explodindo, e você pensa: cara, eles não têm nem água, vivem no Terceiro Mundo e você está simplesmente mandando eles para o inferno. Explodindo prédios e os estilhaços reduzindo as pessoas a pedaços."

◆ ◆ ◆

Ouvi um "antigo funcionário de alto nível do serviço de informações" dizer: "Esta é uma guerra contra o terrorismo, e o Iraque é apenas uma de suas campanhas. O governo Bush está olhando para isso como uma grande zona de guerra. Depois nós teremos a campanha iraniana." Ouvi Condoleezza Rice dizer que uma invasão do Irã "não está no cardápio no momento".

Ouvi que John Bolton, o novo embaixador dos EUA na Organização das Nações Unidas, disse: "Não existe nada que possa ser chamado de Nações Unidas. O que existe é uma comunidade internacional que, ocasionalmente, pode ser liderada pelo único poder de verdade no mundo — os Estados Unidos — quando isso for de nosso interesse e quando conseguirmos convencer outros países a nos seguir." Ouvi que ele mantém uma granada de mão na sua mesa.

Ouvi o presidente dizer: "A idéia de que os Estados Unidos estão se preparando para atacar o Irã é simplesmente ridícula. Dito isto, todas as opções estão na mesa." Ouvi o secretário de Imprensa da Casa Branca, Scott McClellan, dizer: "O presidente toma as suas decisões baseado no que é certo para o povo americano."

Ouvi sobre desespero. Ouvi o presidente dizer: "Enquanto a democracia iraquiana se enraíza, os inimigos da liberdade, os terroristas, ficarão mais desesperados." Ouvi sobre esperança. Ouvi-o dizer: "Esses terroristas e rebeldes falharão. Nós temos uma estratégia para o sucesso no Iraque. À medida que os iraquianos forem se levantando, as tropas da coalizão e dos Estados Unidos irão saindo."

Ouvi um "alto comandante dos EUA", cujo nome não foi revelado, questionar como o atual ministro da Defesa iraquiano, com um grande estafe de civis indicados pelos EUA, poderia ser capaz de manter um Exército: "O que está faltando são as infra-estruturas de pagamento dos salários, que fornecem e recrutam pessoal, que substituem os feridos e os ausentes sem permissão oficial, estruturas de promoção de pessoal e de fornecimento de peças repositórias." Ouvi que o Escritório Supremo de Auditoria do Iraque não podia prestar contas de 500 milhões de dólares do orçamento do ministério e, além disso, havia descoberto que o ministério depositara 759 milhões de dólares nas contas bancárias pessoais de um antigo agiota. Ouvi um general-de-divisão iraquiano, Abdul Aziz al-Yasseri, dizer: "Não há reconstrução, armamentos, nada. Não existem nem contratos reais. Eles simplesmente assinaram alguns papéis e pegaram o dinheiro."

◆ ◆ ◆

Ouvi um porta-voz da Casa Branca, Trent Duffy, dizer: "O presidente sabe que uma das suas responsabilidades mais importantes é confortar as famílias dos mortos." Ouvi Cindy Sheehan, cujo filho, Casey, havia sido morto no Iraque, descrever seu encontro com o presidente.

Ouvi-a dizer: "Ele chegou primeiro, entrou sozinho e disse: 'Então, quem nós estamos homenageando aqui?' Ele nem sabia o nome de Casey, ele não sabia, mas ninguém pôde sussurrar para ele: 'Senhor presidente, esta é a família Sheehan, o filho deles, Casey, foi morto no Iraque.' Achamos que foi muito desrespeitoso da parte dele nem sequer saber o nome de Casey, entrar e dizer: 'Então, quem nós estamos homenageando aqui?', como se dissesse: 'Vamos andando, vamos homenagear alguém aqui.' Então, de qualquer modo, ele se aproximou da minha filha mais velha, eu continuo chamando-a de minha filha mais velha, mas agora ela é realmente a mais velha das minhas crianças, e disse: 'Então, qual a sua relação com o tão querido?', então Carly disse: 'Casey era meu irmão.' E George Bush disse: 'Eu gostaria de trazer seu querido irmão de volta, curar esta dor no seu coração', e Carly disse, 'Sim, nós também'. E Bush disse: 'Certamente', e então ele fez uma cara feia e saiu."

Quando o presidente foi para o seu rancho para férias de verão de seis semanas, Cindy Sheehan acampou na entrada, pedindo outro encontro, que o presidente recusou. Ouvi-o dizer: "Acho que é importante para mim pensar e dar atenção a quem tem algo a dizer. Mas acho que é também importante seguir com minha vida, ter uma vida equilibrada. Acho que o povo quer que o presidente esteja em condições de tomar decisões boas e rápidas e manter-se saudável. E me exercitar ao ar livre faz parte disso."

Ouvi que privadamente ele disse: "Eu não vou me encontrar de novo com aquela cadela. Por mim ela pode ir para o inferno."

◆ ◆ ◆

Ouvi que 82% dos iraquianos se "opunham decisivamente" à presença de tropas estrangeiras e que 45% apoiavam ataques armados contra elas. Menos de 1% achava que as tropas estrangeiras tornavam o país mais seguro.

Ouvi "altos comandantes militares" dizerem que podíamos esperar "reduções substanciais" de tropas na próxima primavera. Além disso, ouvi-os dizer que a redução ocorreria após "um aumento por pouco tempo do número de soldados".

Ouvi que 1.100 corpos foram trazidos para o necrotério de Bagdá num mês, muitos com as mãos amarradas e uma bala na cabeça. Ouvi que 20% deles estavam tão desfigurados que não podiam ser identificados. Ouvi que no tempo de Saddam normalmente eram cerca de duzentos. Ouvi que os legistas receberam ordens de não realizar necropsias nos corpos trazidos pelas tropas americanas.

Ouvi que, num único dia, houve combate entre duas milícias xiitas em Najaf, com 19 mortos; que os corpos de 37 soldados xiitas, mortos com uma bala na cabeça, haviam sido encontrados num rio ao sul de Bagdá; que o presidente do Iraque, Jalal Talabani, havia escapado de uma tentativa de assassinato na qual oito dos seus seguranças morreram e 15 ficaram feridos. No mesmo dia, ouvi "um funcionário não identificado da Casa Branca" dizer que os iraquianos estavam "fazendo progressos reais e substanciais".

Ouvi Condoleezza Rice dizer: "É muito mais fácil ver violência e terroristas suicidas do que ver os progressos políticos discretos que estão ocorrendo paralelamente." Ouvi-a dizer que a rebelião estava "perdendo fôlego".

Enquanto ocorriam distúrbios em Bagdá devido à falta de eletricidade, ouvi Nadeem Haki, dono de uma loja, dizer: "Agradecemos a Deus que o ar que respiramos não dependa do governo. Senão eles cortariam algumas horas todos os dias."

Ouvi o general Barry McCaffrey dizer, depois de voltar de uma inspeção no Iraque: "Esse negócio, as coisas estão saindo de controle."

◆ ◆ ◆

Ouvi que o nível de aprovação do presidente caíra a 36%, mais baixo do que o de Nixon no verão de Watergate. Ouvi que agora 50% achavam que fora um erro mandar tropas para o Iraque. Ouvi Trent Duffy, um porta-voz da Casa Branca, dizer que "o presidente acredita que aqueles que desejam que os Estados Unidos mudem de curso no Iraque não desejam que a América vença a Guerra contra o Terrorismo. Ele pode entender que algumas pessoas não partilhem de sua vontade de vencer a Guerra contra o Terrorismo — mas é que ele tem uma opinião diferente". Ouvi que o presidente, numa reunião estratégica, disse: "Quem dá a menor importância para as pesquisas? Eu sou o presidente e farei o que quiser. Eles não sabem merda nenhuma."

Ouvi Donald Rumsfeld dizer: "Tem-se dito que não estamos vencendo. Através da história sempre houve aqueles que achavam que a falência da América estava à espreita em cada esquina. No momento mais crítico da Segunda Guerra Mundial muitos intelectuais ocidentais elogiavam Stalin. Por algum tempo, o comunismo estava muito na moda. Os que estão apreensivos devem lembrar que os americanos são um grupo forte e que cumprem seus compromissos."

Ouvi o general Douglas Lute, diretor de operações do Comando Central americano, dizer que os Estados Unidos retirariam um número significativo de suas tropas dentro de um ano. Ouvi-o dizer: "Nós achamos que, num dado momento, a fim de cessar esta dependência na Coalizão, teremos apenas que recuar e deixar os iraquianos avançarem." Na véspera, ouvi o presidente dizer que a retirada somente "fortaleceria os terroristas e criaria um campo de comando para lançar mais ataques contra a América e as nações livres. Enquanto eu for presidente, vamos ficar, vamos lutar, e vamos vencer a Guerra contra o Terrorismo".

Ouvi o presidente, ainda de férias em seu rancho, dizer: "O tempo de guerra é um tempo de sacrifício." Ouvi um repórter perguntar se ele iria pescar e ouvi o presidente retrucar: "Ainda não sei. Não decidi. Estou mais ou menos flanando, como se diz."

Ouvi que os Estados Unidos estão gastando 195 milhões de dólares por dia com a guerra e que o custo total já superou em 50 bilhões de dólares o custo total das despesas do país durante toda a Primeira Guerra Mundial. Ouvi que estes 195 milhões de dólares dariam para fornecer 12 refeições por dia para cada criança faminta na Terra.

◆ ◆ ◆

Ouvi o presidente, na Base Naval e Aérea da Ilha do Norte, em San Diego, comparar a Guerra contra o Terrorismo à Segunda Guerra Mundial. Ouvi-o citar as palavras do capitão Randy Stone, um fuzileiro naval no Iraque: "Sei que venceremos porque vejo isso cada manhã nos olhos dos fuzileiros navais. Em seus olhos está a centelha da vitória." Num longo discurso, ouvi-o mencionar o furacão Katrina, que se desencadeara alguns dias antes e que, na época, acreditava-se ter causado a morte de dezenas de milhares de pessoas. Ouvi-o dizer: "Eu insisto em que cada pessoa nas áreas afetadas continue a seguir as instruções das autoridades estaduais e locais."

Ouvi que as medidas de emergência contra o furacão foram prejudicadas porque 35% da Guarda Nacional da Louisiana e 40% da Guarda Nacional do Mississippi, bem como grande parte dos seus veículos e equipamentos, estavam no Iraque. Aproximadamente 5 mil guardas e soldados acabaram sendo usados; em 1992, depois do furacão Andrew na Flórida, George Bush Pai mandou 36 mil soldados. Ouvi que os membros da Guarda Nacional no Iraque tiveram recusados seus pedidos de licença de emergência de duas semanas para ajudar suas famílias. Ouvi que seu comandante lhes dissera que havia muito poucas tropas dos Estados Unidos no Iraque e que eles não podiam ser dispensados.

Algumas semanas depois do furacão, ouvi o presidente dizer: "Sabe de uma coisa, nós... eu estive pensando muito sobre como os americanos reagiram, e é claro para mim que os americanos dão valor à vida humana e dão valor a cada pessoa. E isso representa um forte contraste, a propósito, com os terroristas que temos que enfrentar. Vejam vocês, olhamos a destruição causada pelo Katrina e isso dói em nosso coração. Eles são o tipo de gente que olha o Katrina e deseja que tivessem sido eles os causadores dessa tragédia. Nós estamos em guerra com essa gente. É uma Guerra contra o Terrorismo."

◆ ◆ ◆

No dia seguinte a uma passeata de 200 mil pessoas protestando contra a guerra em Washington, uma manifestação a favor da guerra se realizou no passeio público. Ouvi o senador Jeff Sessions, republicano do Alabama, discursar para a multidão: "O grupo que se manifestou aqui antes não representa os ideais americanos de liberdade e sua aplicação no resto do mundo. Francamente, não sei o que eles representam." A multidão foi estimada em quatrocentas pessoas.

Ouvi o inspetor-geral especial para a reconstrução do Iraque, Stuart Bowen, dizer ao Congresso que o governo "não possuía nenhuma política abrangente ou princípios reguladores" para o pós-guerra no Iraque. Ouvi-o dizer que o Escritório Supremo de Auditoria do Iraque denunciara o sumiço de 1,27 bilhão de dólares somente no período de junho de 2004 a fevereiro de 2005.

Ouvi que, juntamente com os 30 bilhões de dólares apropriados pelo Congresso, a Agência para o Desenvolvimento Internacional dos Estados Unidos também estava procurando doadores privados: "Agora podemos dar assistência de desenvolvimento de alto impacto para melhorar diretamente as vidas de milhares de iraquianos." Ouvi que o "apelo extraordinário" da Usaid rendera 600 dólares, mas ouvi Heather Layman, porta-voz da Usaid, dizer que não estava desapontada: "Cada tostãozinho ajuda."

Em 2003, Dick Cheney disse: "Desde que deixei a Halliburton para me tornar o vice-presidente de George Bush, cortei todos os meus laços com a companhia, incluindo quaisquer interesses financeiros. Não tenho qualquer interesse financeiro na Halliburton e nunca tive nos últimos três anos." Ouvi que ele ainda estava recebendo remuneração diferencial e era credor de mais de 433 mil opções de ações. Estas opções valiam 241,498 dólares em 2004. Em 2005, valiam mais de 8 milhões de dólares. Juntamente com 10 bilhões de dólares de contratos sem concorrência pública no Iraque, a Halliburton foi contratada para a expansão da prisão em Guantánamo e estava entre as primeiras firmas a receber contratos sem concorrência pública para ajuda às vítimas do furacão Katrina.

Ouvi o presidente dizer: "Neste momento, mais de uma dúzia de batalhões iraquianos completou seu treinamento e está operando em ações antiterroristas em Ramadi e Fallujah. Mais de vinte batalhões estão operando em Bagdá. E alguns tomaram a liderança em operações nos maiores setores da cidade. No total, mais de cem batalhões estão operando no Iraque. Nossos comandantes informam que as forças iraquianas estão operando com crescente eficácia."

Um batalhão iraquiano tem cerca de setecentos soldados. No dia seguinte ouvi o general George Casey dizer ao Congresso que o número de batalhões iraquianos "prontos para combate" havia diminuído de três para um. Ouvi-o declarar: "As Forças Armadas do Iraque não terão capacidade independente por algum tempo." Quando perguntado sobre quando o povo americano podia esperar a retirada de tropas, ouvi-o replicar: "Não quero mencionar datas. Não gostaria de tratar desse assunto."

Ouvi o coronel Stephen Davis, comandante da Equipe Regimental 2 de Combate dos Fuzileiros Navais dizer a um grupo de iraquianos que os Estados Unidos não estão saindo: "Não vamos a lugar algum. Alguns de vocês estão preocupados com os helicópteros de ataque e o fogo de morteiros da nossa base. Eu digo a vocês que este é o som da paz."

Ouvi o general George Casey dizer, entretanto, que "a rebelião está falhando. Nós avançamos mais incessantemente em nosso progresso do que aqueles que procuram estorvá-lo".

Ouvi o general John Abizaid dizer: "A rebelião não tem nenhuma chance de vitória."

Ouvi Condoleezza Rice dizer: "Realizamos progressos significativos."

Ouvi o major general Rick Lynch, porta-voz e chefe militar no Iraque, dizer: "Zarqawi está nas últimas."

Enquanto o governo celebrava a aprovação da Constituição tão longamente esperada, ouvi Safia Taleb al-Suhail — a filha do homem que fora executado por Saddam Hussein e que, num momento ensaiado durante o discurso do Estado da União, abraçara a mãe de um soldado americano morto no Iraque — dizer: "Quando voltamos do exílio pensamos que iríamos melhorar os direitos e a situação das mulheres. Mas veja o que aconteceu — perdemos todos os nossos avanços obtidos nos últimos trinta anos. É um grande desapontamento."

Ouvi um sargento iraquiano xiita dizer: "Basta deixar que tenhamos nossa Constituição e eleições em dezembro e então faremos o que Saddam fez — começar matando cinco pessoas em cada vizinhança na rua e depois seguir em frente."

◆ ◆ ◆

Ouvi Melvin Laird, secretário da Defesa de Nixon durante a guerra do Vietnã, defender a retirada das tropas. Ouvi-o dizer a respeito do presidente: "Esta sua abordagem de caubói do oeste do Texas — atirar primeiro e responder a perguntas depois ou fazer o trabalho primeiro e deixar que os resultados sejam evidentes — não está dando certo. Quando os soldados estão morrendo, o comandante-em-chefe não pode ficar isolado, vago ou quieto."

Ouvi Brent Scowcroft, conselheiro da Segurança Nacional e amigo íntimo de Bush Pai, dizer: "Acho que temos o dever de fazer o mundo mais propício ao crescimento de regimes liberais. Encoraja-se a democracia por algum tempo, com assistência e ajuda, o modo tradicional. Não como os neoconservadores fazem." Eles "acreditam em exportar democracia, pela violência se necessário. Como os neoconservadores trazem democracia para o Iraque? Invadindo, ameaçando, pressionando e evangelizando." Ouvi-o dizer que a América está agora "sofrendo as conseqüências desse tipo de utopia revolucionária".

Ouvi o coronel Lawrence Wilkerson, chefe de gabinete de Colin Powell no Departamento de Estado, dizer que a política estrangeira havia sido "seqüestrada" pela "gangue de Cheney-Rumsfeld". Ouvi-o dizer que Rumsfeld recebera carta branca para dizer ao Departamento de Estado para ir se foder. Ouvi-o dizer: "Se acontecer alguma coisa realmente séria, alguma coisa como uma arma nuclear explodindo em alguma grande cidade americana, ou alguma coisa como uma grande pandemia, vai-se ver a inépcia deste governo de tal modo que vamos ter um retrocesso ao tempo da Declaração de Independência."

◆ ◆ ◆

Ouvi que 2 mil soldados americanos tinham sido mortos no Iraque; 15.220 haviam sido feridos em combate, incluindo 7.100 "feridos gravemente sem poder voltar ao serviço ativo", e que outros milhares haviam se "ferido em incidentes não relacionados ao combate".

Ouvi que um porta-voz dos militares dos Estados Unidos no Iraque, o tenente-coronel Steve Boylan, mandou um *e-mail* para os jornalistas pedindo que eles minimizassem o número de 2 mil mortos: "Quando noticiar os eventos, pense por um momento no efeito sobre as famílias de quem está servindo no Iraque. Os 2 mil soldados mortos no Iraque defendendo a operação Liberdade para o Iraque não representam um evento importante. É apenas um marco artificial feito por indivíduos ou grupos com objetivos específicos ou motivos ulteriores."

Ouvi que 68% dos americanos acreditam que a guerra no Iraque foi baseada em informações falsas; só 40% consideravam o presidente "honesto e ético" e só 22% consideravam Dick Cheney "honesto e ético".

Ouvi o presidente dizer: "Os críticos da guerra estão alegando que nós manipulamos as informações e induzimos o povo americano a erro quanto ao motivo por que fomos à guerra. Os desafios na guerra global contra o terror são muito altos e os interesses nacionais muito importantes para que os políticos lancem acusações falsas. Esses ataques sem fundamento mandam sinais errados para as nossas tropas e para um inimigo que está questionando a força de vontade da América."

Ouvi Dick Cheney dizer: "A alegação que tem sido levantada por alguns senadores dos Estados Unidos de que o presidente dos Estados Unidos ou qualquer membro deste governo tenha falsamente induzido a erro o povo americano quanto a informações anteriores à guerra é uma das acusações mais desonestas e repreensíveis feitas nesta cidade."

Alguns dias depois, ouvi Dick Cheney reclamar que a mídia "liberal" havia distorcido suas palavras. Como prova, ouvi-o citar uma manchete que dizia: "Cheney chama críticos da guerra 'desonestos e repreensíveis'." Então, no mesmo discurso, ouvi-o dizer: "Direi de novo que são desonestos e repreensíveis. Isso é um revisionismo do tipo mais corrupto e sem-vergonha."

◆ ◆ ◆

Ouvi o deputado John Murtha, democrata da Pensilvânia, um coronel condecorado dos fuzileiros navais nas guerras da Coréia e do Vietnã, e um proeminente falcão militar, com lágrimas nos olhos, defender a retirada das tropas dos Estados Unidos em seis meses. Ouvi Scott McClellan, o porta-voz da Casa Branca, dizer: "É surpreendente que ele esteja endossando as posições políticas de Michael Moore e da ala extrema liberal." Ouvi o deputado Geoff Davis, republicano de Kentucky, dizer: "Ayman Zahwahiri, subordinado de Osama bin Laden, bem como Abu Musab Zarqawi, deixou bem claro em sua propaganda interna que eles não podem vencer a menos que expulsem os americanos. E eles sabem que não podem fazê-lo, de modo que transferiram o campo de batalha para o plenário do Congresso." Ouvi a deputada Jean Schmidt, republicana de Ohio, dizer: "Os covardes recuam e correm. Os fuzileiros navais nunca."

Ouvi o presidente dizer: "Há quem sustente que deveríamos estabelecer um prazo para a retirada das Forças Armadas dos Estados Unidos. Deixe-me explicar que isso seria um grande erro. Estabelecer um prazo artificial equivaleria a mandar uma mensagem errada para os iraquianos, que sabem que a América não vai se retirar antes que o serviço esteja terminado."

Ouvi que, num extraordinário "encontro de reconciliação", cem líderes xiitas, sunitas e curdos assinaram uma declaração exigindo "a retirada das tropas estrangeiras num prazo especificado".

Ouvi que sua declaração também dizia: "A resistência nacional é um direito legítimo de todas as nações."

Ouvi a deputada Jean Schmidt dizer: "A grande verdade é que estes rebeldes islâmicos querem nos destruir. Eles não gostam de nós. Eles não gostam de nós porque somos negros, somos brancos, somos cristãos, somos judeus, somos educados, somos livres, não somos islâmicos. Nunca poderemos ser islâmicos porque não nascemos islâmicos. Eles não são cidadãos islâmicos. São rebeldes. E o desejo deles é que deixemos o Oriente Médio e que eles conquistem todo o mundo. E eu não aprendi isso nas últimas semanas ou nos últimos meses. Aprendi quando cursava a Universidade de Cincinnati, em 1970, e estudava a história do Oriente Médio."

◆ ◆ ◆

Ouvi que em Fallujah e em alguns outros lugares, os EUA empregaram munições de fósforo branco, um dispositivo incendiário, conhecido entre os soldados como "Willie Pete" ou "bata e asse" e proibido pela Convenção sobre Armas Convencionais. Semelhante ao *napalm*, deixa a vítima terrivelmente queimada, freqüentemente até os ossos. Ouvi um porta-voz do Departamento de Estado dizer: "As forças dos EUA usaram-nas com muita moderação em Fallujah, com o objetivo de iluminação. Elas foram atiradas para cima com o propósito de iluminar as posições do inimigo durante a noite, e não em direção aos combatentes inimigos." Então ouvi-os declarar que "as forças dos EUA usaram cartuchos de fósforo branco para forçar a saída dos combatentes inimigos para que então pudessem ser mortos com munição altamente explosiva". Depois ouvi o porta-voz do Pentágono dizer que as declarações anteriores foram baseadas em "informação deficiente" e que "elas foram usadas como arma incendiária contra os combatentes inimigos". Então ouvi o Pentágono dizer que o fósforo branco não era um armamento ilegal, porque os EUA nunca assinaram aquela cláusula da Convenção sobre Armas Convencionais.

Ouvi que soldados dos EUA encontraram, por acaso, uma casamata do Ministério do Interior, em Bagdá, com mais de 170 prisioneiros sunitas que foram capturados e torturados, alguns com furadeiras elétricas, por grupos paramilitares xiitas. Ouvi Hussein Kamal, ministro do Interior adjunto, declarar: "Um ou dois detentos ficaram paralíticos e alguns tiveram a pele arrancada de várias partes do corpo." Ouvi o porta-voz do Departamento de Estado, Adam Ereli, declarar: "Nós não torturamos. E não acreditamos que outros devam torturar."

Ouvi que o Senado, depois de uma hora de debate, votou e negou o direito a *habeas corpus* para os prisioneiros em Guantánamo. A última vez que os EUA suspenderam o direito a julgamento foi durante a Guerra Civil.

Ouvi que uma organização de defesa dos direitos humanos, a Christian Peacemaker Teams [Equipes de pacificadores cristãos], estava distribuindo um questionário para os prisioneiros liberados das prisões iraquianas. As pessoas que preenchiam o questionário eram instruídas a marcar "sim" ou "não" depois de cada uma das seguintes perguntas:

— Foi obrigado a se despir (ficou nu)?
— Foi espancado manualmente (socos)?
— Foi espancado com varas ou pedaços de pau?
— Foi espancado com fios, arames ou cintos?
— Foi mantido sob a mira de uma arma de fogo?
— Foi encapuzado?
— Jogaram água fria em você?
— Teve a sua genitália amarrada por alguma corda?

— Foi insultado?

— Foi ameaçado ou tocado por cachorros?

— Foi arrastado por uma corda ou cinto?

— Foi-lhe negada oração ou *wudhu* [ablução]?

— Foi forçado a realizar atos sexuais?

— Foi estuprado ou sodomizado?

— Alguém tocou sua genitália de maneira imprópria?

— Testemunhou algum ato sexual enquanto estava preso?

— Testemunhou alguma violação sexual de homens, mulheres ou crianças?

— Urinaram em você, obrigaram-no a tocar fezes ou jogaram fezes em você?

— Foi-lhe negado dormir?

— Foi-lhe negada comida?

— Testemunhou alguma morte?

— Testemunhou alguma tortura ou tratamento cruel em outras pessoas?

— Foi obrigado a vestir roupas femininas? [Pergunta para homens apenas.]

— Foi queimado ou exposto a calor excessivo?

— Foi exposto a frio excessivo?

— Foi submetido a choque elétrico?

— Foi obrigado a agir como um cachorro?

— Foi obrigado a ficar em posições desconfortáveis por longo período de tempo?

— Foi obrigado a ficar de pé ou se sentar em alguma posição dolorosa por longo período de tempo?

— Perdeu a consciência?
— Foi obrigado a bater em outras pessoas?
— Foi pendurado pelos pés?
— Foi pendurado pelas mãos ou pelos braços?
— Foi ameaçado com o assassinato de sua família?
— Teve algum familiar detido?
— Testemunhou a tortura de familiares?
— Foi forçado a assinar alguma coisa?
— Foi fotografado?

Ouvi um homem que estivera detido na prisão de Abu Ghraib dizer: "Os norte-americanos trouxeram eletricidade para a minha bunda, antes mesmo de trazê-la para a minha casa."

◆ ◆ ◆

Ouvi que o Lincoln Group, uma empresa de relações públicas de Washington, recebera 100 milhões de dólares do Pentágono para promover a guerra. Além de subornar jornalistas iraquianos, muitas vezes com pagamentos mensais, o Lincoln Group escrevia seus próprios artigos e pagava a jornais iraquianos para publicá-los. Ouvi que os artigos, para ter uma cor local, tinham títulos como "As areias estão sendo sopradas na direção de um Iraque democrático" e "Forças iraquianas capturam combatentes da al-Qaeda se arrastando como cachorros". Ouvi o porta-voz do Pentágono, o general-de-divisão Rick Lynch, declarar: "Nós realmente autorizamos nossos comandantes de operações a transmitir informações para o público iraquiano, mas tudo o que fazemos é baseado em fatos, nunca em invenções." Ouvi-o citar o líder da al-Qaeda Ayman al-Zawahiri: "Lembrem-se, metade da batalha acontece no campo de batalha da mídia."

Ouvi que a média de cobertura mensal combinada da guerra nos noticiários noturnos das redes ABC, NBC e CBS caiu de 388 minutos em 2003 para 274 minutos em 2004 e 166 minutos em 2005.

Ouvi que 2.110 soldados dos EUA morreram no Iraque e mais 15.881 foram feridos. Noventa e quatro por cento dessas mortes aconteceram depois do discurso de "Missão Cumprida", cujas duas primeiras frases foram: "As principais operações de combate no Iraque terminaram. Na batalha do Iraque, os Estados Unidos e nossos aliados prevaleceram." Ouvi que havia agora uma média diária de cem ataques da insurreição e três soldados norte-americanos mortos, o mais alto índice de baixas e de violência desde o começo da guerra.

Ouvi que o presidente, em resposta à crítica crescente, iria revelar a nova estratégia para o Iraque. No dia 30 de novembro de 2005, o governo divulgou um relatório de 35 páginas: "Estratégia Nacional para a Vitória no Iraque". Em uma página intitulada "Nossa Estratégia Está Funcionando", li que, na "área econômica", "nossa estratégia de restaurar, reformar, construir atinge os seus objetivos"; na "área política", "nossa estratégia de isolar, engajar e construir atinge os seus objetivos"; na "área de segurança", "nossa estratégia de limpar o terreno, preservar e construir atinge os seus objetivos". As metas gerais serão alcançadas a "curto", "médio" ou "longo" prazo. O relatório conclui com "Os Oito Pilares Estratégicos" ("Pilar Estratégico Número Um: derrotar os terroristas e neutralizar a insurreição; Pilar Estratégico Número Dois: transição do Iraque para segurança auto-sustentável [...]"), como os Cinco Pilares do Islã ou os Sete Pilares da Sabedoria. Ouvi que a "estratégia" tinha apenas alguns detalhes específicos porque era uma versão para "divulgação pública de um documento secreto". E, depois, ouvi que não havia nenhum documento secreto a esse respeito.

Nesse mesmo dia, ouvi o presidente se dirigir à academia naval dos EUA, em Annapolis. Ouvi-o dizer: "Nunca desistiremos. Nunca cederemos. E nunca aceitaremos nada menos que a vitória completa." Ouvi-o dizer: "A todos que vestem uma farda, eu faço este juramento: os Estados Unidos não fugirão por causa dos carros-bomba e dos assassinos, enquanto eu for o comandante-chefe." Em frente a uma enorme placa na qual se lia "PLANO PARA A VITÓRIA", ele ficou de pé em um pódio com uma grande placa que dizia "PLANO PARA A VITÓRIA". Eu imaginei, e se em vez de PLANO estivesse escrito "PLANEJAR"?

Nesse mesmo dia, ouvi que membros do grupo Christian Peacemaker Teams foram seqüestrados por membros das Swords of Islam [Espadas do Islã].

AGRADECIMENTOS

Estes ensaios foram escritos para publicação no estrangeiro. No mínimo eles ajudaram a demonstrar que os Estados Unidos não possuem uma opinião pública monolítica, como se pensava em grande parte do mundo até a eleição presidencial de 2004.

Em inglês, os artigos geralmente circulam via *e-mail, blogs, websites*, grupos de discussão e listas de servidores. Para textos desse tipo, é um bom modo de publicar: os leitores votam com sua tecla *forward*.

Sou um escritor dedicado à literatura, não um especialista, um *insider*, um oráculo profissional. Os ensaios em forma de crônica são instantâneos do que uma pessoa que lê jornais estava pensando em certos dias da história recente. Eu me inspirei em Don McNeill, que se afogou em 1968, aos 23 anos, e que costumava mandar reportagens semanais sobre o espírito do seu tempo para o *Village Voice* e outros jornais da imprensa alternativa de Nova York.

Alguma coisa do que escrevi foi superada pelos acontecimentos ou por novas informações. Em alguns casos, o tempo se encarregou de mudar sua ênfase. Resisti, entretanto, à tentação de mudar ou apagar qualquer coisa dos artigos originais, salvo a eliminação parcial de repetições que ocorrem quando peças isoladas são reunidas. Os textos são intencionalmente ligados aos dias em que foram escritos, os fatos (por exemplo, o número das vítimas do 11 de Setembro) correspondem ao que se conhecia ou se pensava no momento.

"Republicanos: Um poema em prosa" e "O que ouvi sobre o Iraque" foram inspirados em Charles Reznikoff, que examinou incontáveis volumes de registros de tribunais para produzir seus livros de poemas *Testimony* [Testemunho] e *Holocaust* [Holocausto]. A pesquisa para ambos os ensaios foi feita principalmente num arquivo que compilei graças ao extraordinário trabalho gratuito do poeta Geoffrey Gardner, cujo unipessoal serviço noticioso Anarkiss tem reunido e difundido via *e-mail* milhares de artigos da imprensa mundial, uma ou duas vezes por dia, quase todos os dias dos anos Bush.

Partes deste livro foram publicadas como panfleto, *09/12* [12 de setembro], pela Prickly Paradigm Press. (Meus agradecimentos a Marshall Sahlins e Matthew Engelke.) Uma tradução espanhola de Aurelio Major foi publicada na Espanha pelas Ediciones Bronce e no México pela Era. (Obrigado a Valerie Miles e Marcelo Uribe.) "A cidade da paz" foi reimpresso do meu livro *Outside Stories* (New Directions, 1992).

Os ensaios foram particularmente encorajados por Frank Berberich da *Lettre International*, Alemanha, que publicou muitos deles. Outros apareceram em *Byron Bay Echo* e *Masthead*, na Austrália; *Alligator*, *Yang* e *Streven* na Bélgica (flamenga); *Fantom Slobode*, na Bósnia; *Diálogos & debates da Escola Paulista de Magistratura,* no Brasil; *Tianya*, na China; *El Malpensante,* na Colômbia; *The Feral Tribune,* na Croácia; *Granma,* em Cuba; *Zvedavec,* na República Tcheca; *Lettre Internationale*, *Faklen* e *Information,* na Dinamarca; *D'Autres Espaces*, *L'Hebdoryphore* e *La Revue des Resources*, na França; *Magyar Lettre International*, na Hungria; *Outlook*, *The Hindu* e *The Kashmir Times*, na Índia; *Lettera Internazionale*, na Itália; *Mambogani: The Voice of the Wananchi*, no Quênia; *Confabulario*, *La Jornada*, *El Financiero*, *Reforma*, *Memoria* e *Letras Libres*, no México; *Gazeta*, na Polônia; *website* da Al-Jazeera no Qatar; *Peterburg na Nevskom* e *Krasny*, na Rússia; *Letra Internacional*, *La Vanguardia*, *Letras Libres* e *Lateral*, na Espanha; *Ordfront*, na Suécia; *Guney*, na Turquia; e *Tien Phing* e *Van Nghe Tre*, no Vietnã. Alguns poucos foram publicados ou reimpressos nos Estados Unidos no *Tin House*, *Fellowship*, *CoverAction Quarterly* e *The Brooklyn Rail*. "O que ouvi sobre o Iraque" foi primeiramente publicado no *London Review of Books* e reimpresso em formato de livro pela *Verso* no Reino Unido. Sou grato aos muitos tradutores e editores que se envolveram nesta obra.

Este livro foi composto na tipologia
Agaramond, em corpo 12/16,5, e impresso em
papel off-white 80g/m², no Sistema Cameron da
Divisão Gráfica da Distribuidora Record.